Ruth Maria Wegner

Schreiben mit Bildern

Ein kreativer Workshop

Stb

ISBN 978-3-8434-3001-2

Originalausgabe
© 2011 Schirner Verlag, Darmstadt
1. Auflage 2011
Alle Rechte vorbehalten

Redaktion & Satz: Bastian Rittinghaus, Schirner
Umschlaggestaltung unter Verwendung
von Fotolia 14109288 (tomas del amo): Murat Karaçay, Schirner

Printed by: FINIDR, Czech Republic

www.schirner.com

Inhalt

Vorwort

Das vorliegende Buch lädt zu einem Abenteuer ein – einer Schreibreise zu sich selbst. Als Wegbereiter dienen Bilder, die eine Brücke vom Tagesbewusstsein zu den kreativen Quellen im Inneren des Schreibenden schlagen. Mitzubringen sind Stift und Papier, Offenheit, Mut und ein wenig Durchhaltevermögen.

Ruth Maria Wegner ist ausgebildete Schreibwerkstättenleiterin. Seit 1998 bietet sie in Süddeutschland regelmäßig Schreibkurse an. Intensive Schreibreisen führten sie mit ihren Teilnehmerinnen und Teilnehmern ins Allgäu, ins Nördlinger Ries, nach Griechenland, Sizilien und in die Schweiz. Dabei hat sie Erfahrungen mit unterschiedlichsten Menschen gesammelt.

In ihrem Buch über kreatives Schreiben wählt sie einen ungewöhnlichen Ansatz. Sie erzählt die Geschichte von sechs Menschen, die einen Flugzeugabsturz auf einer einsamen Insel überlebt haben. Die Gruppe lässt sich darauf ein, ihre Situation durch das Schreiben zu verarbeiten. Hundert Schreibimpulse geben ihnen immer neue Anregungen und ebnen den Weg für Geschichten, von denen die meisten gar nicht geahnt haben, dass sie in ihnen schlummern.

Die Rahmenhandlung gibt Ruth Maria Wegner Gelegenheit, die Dynamik in einer Schreibgruppe darzustellen. Immer wieder treten Widerstände auf, die die Schreibgruppenleiterin liebevoll aufnimmt und mit ständig neuen Aufgaben zu überwinden hilft. Dabei lernen die Teilnehmer, auch ihre negativen Gefühle schreibend anzunehmen und auszudrücken. Es gibt aber auch reichlich Erfolge und befreiende Erlebnisse.

Auf sanfte, beiläufige Art bezieht Ruth Maria Wegner den Leser in die Schreibgruppe mit ein. Wie in ihren Kursen redet sie ihn mit dem vertraulichen »Du« an. Immer wieder zeigt sich ihre Fähigkeit, auch aus verschlüsselten, distanzierten Texten herauszuhören, was den Schreibenden eigentlich bewegt.

Wer Ruth Maria Wegners Einladung zu dem Abenteuer Schreibkurs annimmt, wird nicht nur Tipps erhalten, wie er sein Schreiben verbessern kann, sondern begibt sich zudem auf eine Reise zu den Quellen der eigenen Kreativität. Nebenbei lernt der Schreibende, sich selbst auch mit seinen dunklen Seiten anzunehmen.

Allen Schreibinteressierten wünsche ich viel Spaß, viel Selbsterkenntnis und viele Blätter Papier, die sie mit ihren ureigenen Texten füllen können.

Dr. Ralf Bodemann, München

1. Kapitel

Sei unvorsichtig, sei rücksichtslos!
Sei ein Löwe! Sei ein Seeräuber –
wenn du schreibst!
Brenda Ueland[1]

Aller Anfang ist leicht

Seit gestern waren wir auf dieser einsamen Insel gefangen. Nur wir sechs waren übrig geblieben, und wir hatten keine Ahnung, wo wir uns befanden.

»Zum Glück ist ein Mann unter uns«, sagte Annelie. Doch Matthias schien mir nicht gerade ein Held zu sein. Um zu überleben, würden wir uns alle zusammenraufen und vor allem zusammenhalten müssen.

Ohne viel Worte zu machen, sammelten wir am Tag nach dem großen Schrecken ein paar herumliegende Dinge ein und überlegten, was davon wir gebrauchen konnten.

Ilse betete zu Gott und dankte ihm dafür, dass wir noch am Leben waren. Sie versprach, ihm noch mehr zu dienen, er solle uns nur wieder heil nach Hause bringen.

Dorothea ging ständig um die verkohlten Reste des blechernen Riesenvogels herum. Nur drei Buchstaben konnte man noch entziffern: »A B C«, das Zeichen der Fluggesellschaft.

Eine Wodkaflasche lag unversehrt inmitten von Trümmern und zahllosen anderen Gegenständen. Matthias verteilte ihren Inhalt großzügig in unsere Plastikbecher.

Nur ich behielt die Nerven – zumindest rein äußerlich –, spielte die coole und erwachsene Frau, die keine Furcht

---

1 Ueland, Brenda: *Die Lust zu schreiben.* Frankfurt a. M.: Zweitausendeins, 2001

kennt. Schließlich war ich mit meinen fünfzig Jahren die Älteste.

Es gab keine Möglichkeit, irgendjemandem eine Nachricht zu übermitteln, und die völlige Ungewissheit unserer Lage zermürbte jeden von uns zusehends.

Dann wachte ich eines Nachts auf, im Kopf einen Traumfetzen, den ich wie einen sich auflösenden Nebel gerade noch wahrnahm. Sofort kramte ich in meiner Anoraktasche, fand einen kleinen Bleistift und kritzelte ein paar Worte auf einen Papierschnipsel. Der Traum machte mir Mut und brachte mich auf eine großartige Idee. Wir würden die Zeit hier gut nutzen.

Jeder von uns suchte sich einen bequemen Platz. Dorothea saß immer noch der Schreck der Bruchlandung in den Knochen. Sie vermummte sich in einen schwarzen Schal, den sie unter einem Berg von Trümmern hervorgezogen hatte.

»Ihr wisst vielleicht nicht, dass ich früher mal eine Schreibwerkstatt geleitet habe«, sagte ich. »Ich bin nämlich eine Art Hebamme für Geschichten.«

»Eine Hebamme? Eine Schreibwerkstatt?« Fünf Augenpaare starrten mich fragend an.

Annelie setzte sich etwas aufrechter hin. »Jetzt erzähl schon«, forderte sie mich etwas ungeduldig auf.

»Eine Schreibwerkstatt bietet jedem Menschen die Möglichkeit, sich schreibend nach Herzenslust auszudrücken – ohne viel Zensur und ohne großes Können. Anfänglich geht es bei den meisten Teilnehmern darum, einfach mit dem Schreiben loszulegen. Ein Nebeneffekt ist immer auch der, dass mehr Klarheit in das Auf und Ab des eigenen Lebens kommt. Weil wir schreibend Ordnung in das Chaos der Gedanken bringen, entwickeln wir uns weiter und geben dadurch unserem

Leben eine neue Richtung. Auf der Suche nach Antworten bewegen wir uns tief in die Schatzkammer unserer Seele hinein. Indem wir unsere Themen schreibend verarbeiten, können wir uns neue Lebensräume erschließen. Und vor allem dringen wir in ungeahnte Bereiche vor, die in jedem von uns schlummern und nach Ausdruck dürsten.«

Jetzt fiel mir Ilse ins Wort: »Ich war einmal bei so etwas, das hat mir aber nicht viel gebracht. Die anderen haben ständig nur meine Texte kritisiert.« Sie schüttelte den Kopf, und ich wartete.

Plötzlich strahlte Dorothea über das ganze Gesicht und schlug vor: »Weißt du was, Ruth, du könntest uns doch das Schreiben beibringen.«

Annelie räusperte sich: »So was Blödes, ich kann doch schon schreiben! Das haben sie mir schließlich in der Schule beigebracht.«

»Tja«, kommentierte Ute, »vielleicht sollten wir wirklich etwas Gescheites tun. So herumsitzen, das bringt doch nichts. Ich habe zwar meinen Fotoapparat gerettet, aber ich kann ja nicht immer nur Bilder knipsen, die nachher sowieso keiner anschauen will.«

Ich lächelte ihr zu und warnte: »Es kann sein, dass du auch Texte schreiben wirst, die keiner lesen will.«

Zum ersten Mal nach der Bruchlandung mussten wir lachen, und damit war besiegelt, dass wir mit dem Schreiben beginnen würden. In den nächsten Tagen würde ich sie anleiten, Ideen für Geschichten zu sammeln. Natürlich wollten alle wissen, wie man so schreibt, dass es auch Freude bereitet – denn ein bisschen Spaß brauchten wir in unserer Lage ganz dringend.

Annelie kramte ein knallrotes Schreibmäppchen aus einem zerfetzten Rucksack hervor.

»Da, hier, das können wir dazu verwenden, jeder kriegt einen.« Sie verteilte Bleistifte an uns.

Jetzt war auch Ilse begeistert: »Und Papier, hat jemand vielleicht noch Papier? Nicht nur einen Schnipsel. Einen richtigen Schreibblock – und, wenn möglich, ohne Linien.«

»Auch das noch«, stöhnte Matthias, »also, dann geh ich mal suchen.«

Wir schlenderten zusammen um die weit verstreuten Trümmer. Bestimmt würden wir noch mehr finden als nur Papier.

Utes Freudenschrei riss mich aus meinen Überlegungen. »Ich hab's, ich hab's!« Sie fuchtelte mit beiden Armen in der Luft umher. Ich sah sie am anderen Ende des Wracks stehen. Das war einmal ein Flugzeug, dachte ich wehmütig, lief dann aber neugierig zu ihr hinüber. Tatsächlich: Sie hielt einen Schreibblock in beiden Händen und tanzte damit um ein undefinierbares Gepäckstück. Es war übergroß, schwarz und verbeult.

»Ein ganzer Koffer voll«, schrie sie immer wieder. »Schaut doch, schaut doch her, darin sind mehrere Schachteln voller Blöcke!«

»Dann können wir ja beginnen«, kommentierte ich trocken, und alle schauten mich mit großen, ungläubigen Augen an.

»Und was sollen wir schreiben?«

»Beim Schreiben kannst du buchstäblich jedes Bild, das du siehst, aufgreifen, und alles, was dir dazu in den Sinn kommt, verwenden. In Bildern liegen Tausend und Abertausende Möglichkeiten für Gedichte, Geschichten, Erzählungen und Texte aller Art. Schreib all das auf, was dir auf dem Herzen liegt. Das, was du jetzt gerade fühlst; alles, was du deinem besten Freund oder deiner Freundin erzählen würdest; das, was dich geärgert hat – oder das, was hier geschieht. Schreiben beginnt damit, dass du mit dem Schreiben beginnst! Wir werden nun jeden Tag eine Fünf-Minuten-Übung machen … Sie dauert wirklich nur fünf Minuten!«

Alle lachten.

»Nun denn, aber vorlesen müssen wir nichts!« Ilses Worte verrieten ihre Angst.

»Niemand muss vorlesen, wenn er es nicht wirklich will. Schreiben und Vorlesen, beides ist freiwillig. Und damit ihr einen Anfang findet, schaut euch einfach die Buchstaben an. Ihr kennt das doch noch?«

»Ja, unser Flugzeug.« Annelie hauchte die Worte nur, doch Ute fiel sofort der Kinderreim ein: »A B C, die Katze lief im Schnee.«

»Im Schnee wohl nicht. Wir befinden uns immer noch an diesem gottverlassenen, verdammten Ort«, bemerkte Matthias. »Ohne Katze.«

1. Schreibübung:

Fünf-Minuten-Text

Schreibe fünf Minuten lang alles auf, was dir in den Sinn kommt, ohne Punkt und Komma und ohne darüber nachzudenken, ob es gut oder richtig ist. Du kannst dabei das Bild anschauen oder mit einem Wort beginnen, das dir im Moment wichtig ist. Dein Text muss keinen Sinn ergeben, du solltest dabei deinen Kopf ausschalten. Das macht dich frei und lädt den »inneren Schreibfreund« in dein Leben ein.

Nach fünf Minuten gab ich ein Zeichen, und alle legten die Stifte aus der Hand. »Na, hat es gutgetan?«, fragte ich.

»Ich hab nur Quatsch und Nichtssagendes geschrieben.« Beinah im Chor stimmten die anderen Annelies Worten zu.

»Jetzt kritisiere dich doch nicht gleich. Jegliche Art des Schreibens führt dich hin zu mehr Schreiben. Es ist wie bei alten Wasserleitungen: Mit dieser Übung hast du auf jeden Fall den ersten Rost hinausgeschwemmt, der sich manchmal ansammelt, wenn man den Hahn länger nicht aufdreht. Ist der Anfang erst mal gemacht, steht dir die Tür zum kreativen Schreiben offen. Außerdem musst du einen Fünf-Minuten-Text weder durchlesen noch korrigieren. Leg ihn einfach zur Seite, und lass ihn ruhen.«

Annelie blickte nachdenklich auf ihr Blatt. »Ich glaube nun doch, dass ich den Anfang zu einer Geschichte habe. Die Idee liegt allerdings noch verborgen zwischen den Sätzen.«

»Genau das ist es, was oft geschieht!« Ich freute mich über diesen ersten Impuls. Ungeborene Geschichten schlummern in allem anfänglichen Schreiben. »Wenn du das Gefühl hast, dass du noch mehr zu sagen hast, dann spinne den Faden weiter.«

Nun war das Schreibfieber ausgebrochen, alle machten sich wieder an ihre Texte. Nach weiteren zehn Minuten schlug ich mit einem verbogenen Eisenstab an das Blech und sagte: »Schluss jetzt, die Zeit ist um.«

»Was, schon? Ich habe gerade erst angefangen.«

Später staunten alle darüber, was sie da so auf das Papier gebracht hatten. Wut und Unordnung, Wünsche und Sehnsüchte. Letztendlich waren alle Texte bewegend. Das Papier hatte gut zugehört, und alle fühlten sich erleichtert.

»Das war ein guter Anfang«, lobte ich. »Ihr werdet staunen, wenn ihr entdeckt, was noch alles beim Schreiben geschehen kann.«

2. Schreibübung:

Was liegt denn da?

Stelle dir vor, dass du über eine Wiese läufst. Du stolperst, bückst dich und hebst eine Flöte auf, die vor deinen Füßen liegt. Du betrachtest sie und entdeckst, dass …
Schreibe eine Geschichte über eine Flöte. Alles, was dir dazu in den Sinn kommt, ist richtig.

Ilse war mutig und wollte ihren Text vorlesen. »So habe ich angefangen, das ist mein Einstieg:

Jetzt sitze ich hier und zu hause ist ganz bestimmt der teufel los aber ich habe mich darauf eingelassen was bleibt mir anderes übrig als mitzumachen ich finde das richtig doof es ist mir zum heulen eigentlich will ich gar nicht hier sein ich weiß nicht wie alles weitergehen soll und sicher wird aus dem schreiben auch nix so ein quatsch einfach draufloszuschreiben ich wollte viel lieber jetzt eine schöne musik hören – oder – spielen, ja als ich acht jahre alt war schenkte mir meine großmutter eine flöte …

Und dann las Ilse weiter, und wir hörten ihr gerne zu. Wir alle waren gespannt auf fünf weitere »Flötentexte«.

Die Idee, jeden Tag wenigstens fünf Minuten lang zu schreiben, fanden jetzt alle gut. Also nahmen wir uns das vor, obwohl ich jetzt schon wusste, dass das in dieser Situation eine gewisse Disziplin erforderte. Gut, das Schreiben konnte sich bestimmt nur positiv auswirken, auch wenn jetzt erst einmal jeder seinen inneren Schweinehund würde überwinden müssen.

Am Nachmittag standen wir noch lange zusammen und diskutierten über diese erste Schreiberfahrung. Matthias sagte: »Wenn Ruth uns das ein paar Tage lang beibringt, können wir nachher zu Hause alle ein Buch schreiben. Das wird bestimmt ein Bestseller.«

Ich lächelte und freute mich über den Anfang. Mir war klar, dass seine Illusionen Matthias die Kraft verliehen, weiterzumachen. Deshalb wollte ich sie ihm nicht nehmen.

Diese vormals fremden Personen waren nun im Begriff, Freunde zu werden. Kein Wunder, denn während eines Schreibkurses geschieht es unweigerlich, dass man sich einander öffnet.

3. Schreibübung:

Ich sehe was, was du nicht siehst.

Nimm zu dem Bild das Wort »lustig«, und schreibe etwas darüber. Oder mache genau das Gegenteil, das gilt übrigens für jede Übung. Du lernst so, nicht immer alles »wörtlich« zu nehmen, denn beim Schreiben geht es immer um Worte – und die sind wandlungsfähig. Also, vielleicht wird es gar kein lustiger Text, sondern …

»Wer von euch hat denn die gefunden?«, fragte ich am späten Nachmittag. Wir aßen gerade kleine goldgelbe Bananen.
Ilse strahlte: »Es gibt noch viel mehr davon, sie liegen dort, in der Kiste.«
Das Essen aus dem Flugzeug würde bestimmt ein paar Tage reichen. Wenigstens das tröstete uns: Wir würden vorerst nicht verhungern.

Du kannst überall einen Schatz finden:
in guten Büchern,
in der Musik
und vor allem
in deinem eigenen Herzen.

Der Tag verging nur langsam, und wir saßen die meiste Zeit einfach herum. Ich schaute immer wieder aufmerksam in die Runde und bemerkte die düsteren Mienen der anderen. Mit gekreuzten Beinen hockten sie auf dem Boden, und ich musste an ein paar traurige Kinder denken. Der Boden fühlte sich weich und warm an, was ich dankbar als eines der kleinen Geschenke des Lebens annahm. Wenigstens mussten wir nicht frieren.
Und dann begann ich, von meinen Erfahrungen zu erzählen.
»Mein Bedürfnis, mit dem Schreiben zu beginnen, ist aus einem Dilemma heraus entstanden. Es war genauso eine blöde Situation, wie wir sie jetzt auch haben.«
Alle nickten.
»Ich wollte ganz einfach meinen Kopf leeren, und das tat ich dann auch. Das Papier ist immer geduldig und hört uns zu. Ihm können wir alles anvertrauen.«

Das erste Buch, das mich faszinierte, war *Der Weg des Künstlers* von Julia Cameron[2]. Sie schreibt darin, dass man zwölf Wochen lang jeden Tag mindestens drei sogenannte Morgenseiten schreiben solle. Diese täglichen Morgenseiten sind nicht als Kunst gedacht und nicht einmal als »Geschriebenes« zu verstehen – es sind einfach tägliche Morgenspaziergänge auf dem Schreibblock.

Nicht jeder kann eine solche Disziplin aufbringen, dennoch haben diese Morgenseiten eine enorme Wirkung auf den weiteren Weg des Schreibens. Deshalb empfehle ich gerne das Fünf-Minuten-Schreiben, denn so viel Zeit kann sich jeder nehmen.

Gerade wenn du eher chaotisch veranlagt bist, wäre es gut, wenn du dir das zur Gewohnheit machst, sonst kommst du nicht weiter, hast stets nur Pläne im Kopf, und nach Jahren musst du feststellen, dass du keinen einzigen Schritt weitergekommen bist.

Falls du ein sehr gewissenhafter Mensch bist, der dazu neigt, kleinlich und perfektionistisch zu sein, ist es hingegen besser, wenn du das mit dem Schreiben etwas leichter nimmst, denn jede Verkrampfung blockiert deine Kreativität. Neigst du zu Ehrgeiz, solltest du dir auf jeden Fall zwischendurch immer mal wieder Ruhepausen gönnen, zum Beispiel manchmal einfach in die Luft gucken und den Wolken zuschauen.

Das Schreiben ist ein Begleiter
auf dem Weg durch die Wüste.
Es führt uns immer
zur nächsten Oase.

2   Cameron, Julia: *Der Weg des Künstlers*. München: Droemer Knaur, 1996

Zeit ist ein unendliches Thema. Oft vergessen wir die Zeit beim Erzählen – und natürlich auch beim Schreiben! Du kannst die Zeit nicht anfassen, nicht hören und nicht essen, nicht sehen und nicht festhalten. Die Zeit ist mächtig, und niemand kann sich ihren Gesetzen entziehen. Unser Planet, das Gestein in unserer Erde, Felszeichnungen, ein Skelett, Pflanzen, Menschen, Tiere, Bakterien – alles wird durch unterschiedliche und doch voneinander abhängige Zeitabläufe bestimmt und geformt. Ebbe und Flut, Wachstum und Zerfall, Geburt und Tod – alles braucht seine Zeit. Alles beginnt und endet mit dem Lauf der Zeit.

Ich schaute auf meine Armbanduhr. Zum Glück hatte sie das Unglück überlebt. Ohne Uhr bin ich nichts, denke ich manchmal. Doch hier war Zeit nicht so wichtig – ich musste ja nicht pünktlich sein, es gab keinen Fahrplan, nichts, was ich hätte versäumen können. Dieses Thema eignete sich gut für eine Schreibübung.

4. Schreibübung:
Zeit

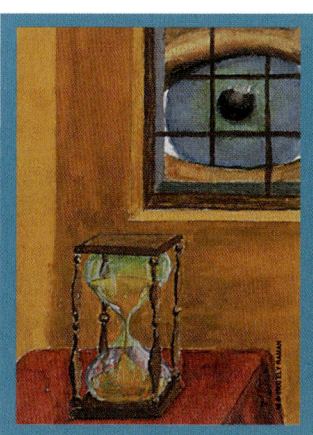

Sammle einige Ideen, die mit dem Thema »Zeit« zusammenhängen. Langsam – schnell. Eilen – verweilen usw. Schaue dann eine Weile auf den Zeiger einer Uhr oder auf dieses Bild, und schreibe einen Text über die Zeit.

Dorothea erzählte uns, dass sie Lehrerin sei. Das erinnerte mich an meinen Vater. In Gedanken hatte ich ihn oft den »Lehrervater« genannt. Er hatte dauernd wiederholt, dass ich in allen Dingen die Beste sein müsse. Ich war zum Gehorsam gedrillt worden und hatte ständig versucht, seinen Ansprüchen gerecht zu werden. Das hatte sich natürlich auf mein späteres Denken ausgewirkt. Es wuchs eine kleine Stimme in mir heran, die ständig sagte: Du musst immer gut sein, nicht mittelmäßig, sondern immer die Beste. Streng dich noch mehr an, dann wirst du geliebt werden.

Ich kannte nichts anderes und wusste lange nicht, dass das nur die Wahrheit eines perfektionistischen Vaters war, der es im Grunde genommen gut mit seinem kleinen Mädchen meinte.

So zeigte ich jahrzehntelang keinem einzigen Menschen meine literarischen Geburten und verbarg sie in einer kleinen Schuhschachtel.

»Doch die Zeit hat sich gewandelt, jetzt ist alles anders«, fügte ich hinzu.

»Veränderung geschieht immer, wenn auch langsam. Sicher sind auch wir nicht umsonst hier.« Ich war froh, dass Annelie diesen Satz mit großer Bestimmtheit gesagt hatte.

Bildersprache

Matthias hielt ein kleines Buch in der Hand. Es sah ziemlich mitgenommen aus, bestand fast nur aus Eselsohren und zerfetzten Seiten, und der Einband hing nur noch an ein paar grauen Fäden.

»Lass mal sehen, was du da hast!«, bat ich ihn neugierig, denn schon immer hatte ich jedes Buch anschauen und darin lesen wollen. Ich streckte meine Hand danach aus.

Er erwiderte etwas apathisch: »Als ich meine Augen öffnete, sah ich ein grünes Blatt aus der schwarzen Lava sprießen.« »Hast du das geschrieben, oder steht das in deinem Buch?« »Quatsch, das habe ich nur so gesagt.« Matthias schaute dabei in die Ferne.

Ich fand den Satz einmalig und wiederholte ihn leise. »Leute, das bringt mich auf eine Idee«, sagte ich dann. Nachher meinte Dorothea, meine Augen hätten dabei so sehr gestrahlt wie drei Sonnen auf einmal. Ich sah das kleine grüne Blatt direkt vor mir.

5. Schreibübung:

Malen und schreiben

Nimm Buntstifte, und male zuerst das Bild: schwarze Lava mit einem grünen sprießenden Blatt. Das kann jedes Kind, und das Bild muss keinen Preis gewinnen. Beginne deinen Text mit dem Satz »Als ich meine Augen öffnete, sah ich ein grünes Blatt aus der schwarzen Lava sprießen.«

Bilder sind der Einstieg ins kreative Denken und Schreiben. Bereits kleine Kinder schauen sich gerne Bilderbücher an, erkennen und erfühlen die Geschichten, auch wenn sie noch nicht lesen können. Als es noch keine Schrift im heutigen Sinne gab, erzählte man sich Geschichten, die von Generation zu Generation mündlich weitergegeben wurden. Viele Überlieferungen aus allen Teilen der Welt gestalteten sich zu Mythen und Märchen, die bis heute nichts von ihrer Aussage eingebüßt haben.

6. Schreibübung:

Mit Überschriften beginnen

Betrachte das Bild, und denke dir mindestens sieben Überschriften dafür aus.

Hier einige Beispiele:

▸ So allein
▸ Der Weg ist weit
▸ Ich bin doch kein Kletterer
▸ Wo sind die andern?

Dann entscheide dich für einen der Sätze, und beginne mit deinem Text. Solltest du nachher total abgeschweift und das Bild nicht mehr in deiner Geschichte zu finden sein, dann ist das in Ordnung, denn das vorgegebene Bild sollte dir nur als Einstieg dienen. Wenn sich beim Schreiben die Tür zu deinem Herzen geöffnet hat, kannst du den Schlüssel weglegen und ihn vergessen.

Ein Bild enthält tausend Geschichten.

Beim Betrachten eines Bildes sollten wir auf alle dabei entstehenden Empfindungen reagieren. Wir können versuchen, das Bild mit den Augen eines Kindes anzuschauen und alle Gedanken, die auftauchen, fließen lassen, sie eventuell stichpunktartig notieren. Wir können an das Bild bestimmte Fragen stellen und es auf seine Weise antworten lassen.
Früher wurden Geschichten gemalt. Denken wir nur an die

Höhlenmalereien, die heute bewundert und erforscht werden. Viele Wissenschaftler verwenden ihre Zeit darauf, diese Zeichnungen zu interpretieren. Diese Forscher machen (eine) Geschichte daraus.

Andere Bildergeschichten finden wir an den Decken von Kirchen und anderen Heiligtümern. Manche sind als Runen in Steine geritzt worden, und in den alten ägyptischen Tempelanlagen finden wir Hieroglyphen, die jeden Besucher in ihren Bann ziehen.

Die Bildersprache ist eine der ersten Sprachen überhaupt. Heute kann jeder Schreibende ein solches Bild auf seine Art erkennen und interpretieren. Wir können neue Geschichten darüber erfinden und erzählen. Frage das Bild nach seiner Wahrheit für dich, es wird dir Antworten geben. Schreibe alles auf, was dir einfällt.

2. Kapitel

Eine Stunde schreiben
wirkt stärkend wie ein Kräftigungsmittel.
Ray Bradbury[3]

Ermutigung – Erkennen von Möglichkeiten

Mit einem Cluster beginnen

Das Wort »Cluster« kommt aus dem Englischen und bedeutet Büschel, Traube, Gruppe oder Schwarm. Ein Cluster beim kreativen Schreiben besteht aus einer Sammlung von Wörtern, die du wie folgt auf das Papier schreibst: Du beginnst mit einem »Kennwort«, das ist das Wort, mit dem du arbeiten willst oder das dir vorgegeben wurde. Du schreibst es in die Mitte deines Blattes und kringelst es ein. Von hier ausgehend schreibst du einzelne Wörter dazu, die dir einfallen. Jedes Wort wird mit einem Kreis versehen und durch Striche mit den anderen verbunden. So entsteht ein Wortgemälde, das dich auf überraschende Spuren führt.

Ein Cluster dient dazu, den Gedankenstrom zuzulassen – so, wie er sich zeigt – und ihm zu gestatten, sich in eine bestimmte Richtung zu entwickeln. Dabei wird nicht der logische Zusammenhang gesucht. Betrachte ein Cluster als eine Sammlung loser Gedankenketten, die du beim kreativen Schreiben zu neuen Mustern vernetzen und zum Einstieg für Texte aller Art verwenden kannst.[4]

---

3   Bradbury, Ray: *Zen in der Kunst des Schreibens.* Berlin: Autorenhaus-Verlag, 2003
4   Siehe dazu auch: Rico, Gabriele: *Garantiert schreiben lernen.* Reinbek: Rowohlt, 3. Aufl. 2004

Ein Text ist kein starres Gefüge,
er ist dehnbar, streichfähig
und veränderbar.

In einem solchen Cluster kannst du Gedankenspuren entdecken, die dich zu einer Schreibidee hinführen. Vielleicht landest du vom Ausgangswort »Licht« nachher bei »Turnschuh« oder »Steinbruch«. Lass all das geschehen. So eröffnet sich dir ein Weg zu außergewöhnlichen Zusammenhängen, die in deine Geschichte einfließen können.
Gib vor dem Schreiben eines neuen Textes dieser kreativen Übung immer wieder ein paar Minuten Zeit.

Wir begannen unsere Schreibrunde am nächsten Morgen mit einem Cluster und entschieden uns für das Wort »Glück«. Natürlich kann man auch jedes x-beliebige andere Wort wählen.

7. Schreibübung:

Cluster

Schreibe ein beliebiges Wort in die Mitte eines leeren Blattes. Male einen Kreis um dein Wort, und lasse jetzt deiner Assoziation freien Lauf, indem du das ganze Blatt vollschreibst mit Wörtern, die dir dazu einfallen – in diesem Fall zum Wort Glück. Verbinde stets alle eingekringelten Wörter mit anderen.

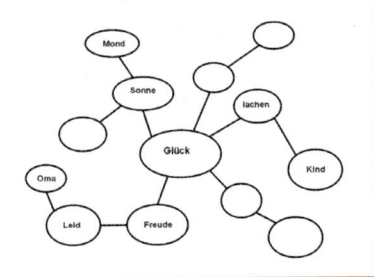

In der folgenden Nacht hatte ich eine seltsame Erscheinung. Ich sah am Horizont ein flackerndes Licht und dachte an einen besonders hell leuchtenden Stern. Obwohl ich eine wohltuende Wärme verspürte, zitterte ich am ganzen Körper. War das eine Vision oder nur ein Bild? Es war geheimnisvoll, angenehm und furchterregend zugleich. Ich konnte meine Augen nicht abwenden, starrte nur auf diesen Lichtpunkt, der langsam näher kam und immer größer wurde. Dann stand sie plötzlich in vollem Licht vor mir: eine Frauengestalt, umhüllt von einem glänzenden Gewand, das in üppigen Falten bis auf den Boden hing. In der einen Hand hielt sie einen Griffel und in der anderen eine Schreibtafel. Ihre dunkelblonden Haare fielen bis über die Schultern hinab, und auf ihrem Kopf lag ein Reif aus Blüten, wie ich ihn von historischen Bildern kannte. War es ein Lorbeerkranz? Ich starrte diese Frau an und wollte auf sie zugehen, doch ich konnte mich nicht rühren. Sie sagte kein Wort, zeigte mir nur diese silbrig glänzende Tafel – oder war es eine Papyrusrolle? – und den Griffel, der wie ein kleines spitzes Schwert in ihrer rechten Hand flackerte. Ich wollte sprechen, brachte aber kein Wort hervor. Ich wollte aufstehen und sie berühren, doch da war das Bild plötzlich verschwunden. Als ich wieder zu mir kam, spürte ich mein klopfendes Herz, und meine Hände zitterten. Doch mein Kopf war klar wie nie zuvor, und neue Ideen kamen mir, die ich in Form von Schreibübungen an meine Teilnehmer weitergeben würde. Alles um mich herum schien von Mut und Hoffnung erfüllt zu sein, und ich erwartete freudig die folgenden Tage. Doch einer Sache war ich mir sicher: Ich würde den anderen nichts davon erzählen.

Kreative Menschen haben einen inneren Helfer, obwohl kaum einer darüber redet. Dieser Helfer ist meist sehr scheu und nicht für die Öffentlichkeit bestimmt. Manchmal ist er wie eine Seifenblase, die sofort zerplatzt, sobald man sie berührt, oder wie eine durchsichtige Fee, die nicht mehr zu sehen ist, wenn man sie fotografieren will.

Beim Schreiben begegnen wir im Land der Fantasie unseren inneren Helfern, die sich als Zauberer zeigen können. Sie verwandeln Bilder in Worte und verzaubern die Welt um uns mit neuen Geschichten.

Mancher ist wegen seiner inneren Stimmen – selbst wenn es nicht erkannte Helfer waren – in der Psychiatrie gelandet, und früher sind kreative Frauen als Hexen verbrannt worden. Diese Zeiten sind vorbei, und unsere heutigen Bücher sind voll von fremden Wesen und Zauberern – denken wir nur an Harry Potter.

8. Schreibübung:

Innerer Helfer

Betrachte zuerst das Bild. Du kannst zum Einstieg alle deine Gedanken über das aufschreiben, was sich dir auf dem Bild zeigt.

Denke außerdem darüber nach, wer dein innerer Helfer oder deine innere Helferin sein könnte. Wie sieht er/sie aus? Bitte ihn/sie, dir beizustehen, wenn du ihn/sie rufst. Frage ihn/sie nach dem Namen. Schreibe deinem Helfer oder deiner Helferin einen Brief, und nenne ihn/sie bei seinem/ihrem Namen, der dir genannt wurde oder den du erfindest. Bedanke dich in deinem letzten Satz bei ihm/ihr. (Ist es der Löwenzahn, der Mann in den Schuhen, oder liegt das Geheimnis in der Aktenmappe? Was steht auf der Mauer?)

Fange nie an, aufzuhören.
Höre nie auf, anzufangen.
Cicero

Die anderen ließen sich auf diese Übung ein und schrieben mindestens fünfzehn Minuten lang. Sie luden ihren inneren Schreibfreund oder die innere Schreibfreundin in ihr Leben ein und baten ihn/sie darum, sich zu zeigen. Dann ermutigte ich alle dazu, mit ihm oder ihr in Kontakt zu bleiben. Sie fühlten sich nach dieser Schreibübung verwandelt, befreit und glücklich.

Jetzt waren sie bereit, einander ihre Texte vorzulesen. Das kostet immer eine gewisse Überwindung, man gibt schließlich etwas von sich preis. Doch hier vertrauten sie einander, denn alle wussten: Sie sind Anfänger, sie spielen mit den Worten, sie müssen nicht gleich einen perfekten Text geschrieben haben.

Ute fing an und wollte ihren Text erklären: »Wisst ihr, ich habe das so gemeint, mir fiel da etwas ein, weil es damals …«

Ich stoppte sie liebevoll: »Ute, wenn du meinst, deinen Text zuerst erklären zu müssen, hast du nicht alles so geschrieben, wie du es gemeint hast. Der Leser sollte durch das Lesen das Bild erkennen, das dir vorschwebt.«

Bilder, die aus dem Unbewussten kommen, bedürfen keiner Erklärung, denn sie sprechen ihre eigene Sprache: die Sprache des Herzens. Man kann sie nie auf eine ganz bestimmte Aussage festlegen, sie bergen ihre eigenen Überraschungen.

Ich habe oft von Schriftstellern oder anderen Künstlern gehört, die sich darüber wundern, was in ihre Werke hineininterpretiert wird. Manchmal nehmen sie das wissend oder auch lächelnd zur Kenntnis, aber manchmal staunen sie auch über den Unsinn, der über sie geredet wird.

Da jeder seine eigene Weltsicht hat, interpretiert auch jeder alles, was er sieht, hört und erlebt unterschiedlich. Lasse es geschehen, wenn der Leser deinen Text anders versteht, als du ihn ursprünglich gemeint hast. Jede Botschaft erreicht den Einzelnen auf seine ihm eigene Art und Weise.

Wenn du Texte einfach annimmst – seien es deine oder die von anderen –, wirst du flexibler und leichter, du entwickelst Fantasie. Wir dürfen das Land »Phantasien« nicht untergehen lassen! Den Kampf um dieses Land finden wir in Michael Endes Buch *Die unendliche Geschichte*[5], ebenso wie den wichtigen Satz »Tu, was du willst«.

Der gilt auch für das Schreiben: »Schreib, was du willst.« Du kannst Riesen in Mäuse verwandeln, wenn du das willst. Du kannst deinen Feinden einen Fußtritt geben, wenn du das willst. Du kannst dich aber auch mit einem Drachen anfreunden und ihn für deine Pläne gewinnen. Du kannst seine Gestalt neu erschaffen und ihn dir zu einem nützlichen Helfer machen.

5   Ende, Michael: *Die unendliche Geschichte*. Stuttgart: Thienemann, 1979

Sprache und Stimme,
Schreiben und Zuhören,
Denken und Handeln,
das alles ist eins.

Gib deinen inneren Stimmen und Bildern beim Schreiben den Raum, den sie brauchen, um zu wachsen. Daraus entwickeln sich Geschichten, die nur du so schreiben kannst. Deine Fantasie gehört dir, sie will sich entwickeln und steht dir überall zur Verfügung. Du kannst über sie bestimmen, denn du bist Herrscher oder Herrscherin deines »Schreibhauses«. Lasse während des Schreibens alle Möglichkeiten zu. Lass alles fließen, und gib dem Fluss des Schreibens den Raum und die Zeit, die nötig sind.

Ilse kam ganz begeistert angerannt: »Ruth, ich habe einen außergewöhnlich guten Text geschrieben. Ihr müsst ihn unbedingt hören, er ist nur so aus mir herausgeflossen, und mir kamen unglaubliche Gedanken.«
Wir alle waren sehr gespannt und machten gleich eine Vorlesepause, um ihr zuzuhören.
Der Text handelte von fremden Galaxien und einem Gott, der dort ein straffes Regiment führte, der sich in alles einmischte und die Bösen bestrafte. Die Geschichte war äußerst verwirrend und der Inhalt ziemlich unverständlich. Alles klang zwar interessant und sehr ungewöhnlich, aber mein Verstand streikte. Wir anderen blickten einander ratlos an.
Ich spürte Ilses Enttäuschung darüber, dass keiner ein Wort zu ihrem Text sagte.
Ich ahnte zwar, dass der Text einen besonderen Keim in sich trug, doch er war überhaupt nicht ausgegoren, brauchte dringend Überarbeitung, hatte keine klare Aussage.

Deshalb sagte ich: »Da ist etwas im Entstehen – das floss nicht aus deinem Verstand –, doch du musst zunächst in dir selbst klären, was du wirklich den anderen schon mitteilen willst.«

Immer noch herrschte beklemmende Stille.

»Weißt du, vielleicht ist ein solcher Text nicht für die Öffentlichkeit bestimmt«, versuchte ich es nach einer Pause. »Da ist noch zu viel durcheinander. Wenn schon so etwas Ungewöhnliches, dann musst du die Sache gut durchdenken, auch wenn es reine Fantasie ist. Gerade bei fantastischen Geschichten müssen wir das Chaotische in gewisse Bahnen lenken, sodass es verständlich wird.«

»Wir schreiben ja hier nur für uns«, warf Ilse ein.

»Klar, doch nach einer gewissen Zeit liest du deinen Text jemandem vor, und bereits das ist ein Schritt nach draußen. Wenn du meinst, dass dein Text an die Öffentlichkeit soll, dann musst du ihn nach dem Schreiben mit einer Portion gesundem Menschenverstand betrachten, durcharbeiten und verbessern. Öffentlichkeit, das kann jeder sein, der deinen Text zu lesen bekommt. Auch unsere Schreibgruppe ist öffentlich.«

»Aber ich habe einfach drauflosgeschrieben, so, wie du es gesagt hast«, verteidigte sie sich barsch. Ihre Stimme klang fast beleidigt, als sie das sagte.

»Ja, aber behalte einen solchen Text zunächst für dich, und freue dich darauf, dass dein Schreiben und deine Ideen dich weiterführen werden, weiter in ein fremdes Land, das du nun auskundschaften musst.«

Ich wusste, Ilse würde weiterschreiben, denn sie hatte eine Ahnung davon bekommen, dass es Spaß macht, in ferne Galaxien zu reisen. Das müssen wir uns einfach trauen und dann aufschreiben, was passiert. Jeder kommt auch wieder auf die Erde herunter, das ist sicher.

Spiel mit Worten

Ein neue Übung sollte die Situation wieder ins Lot bringen. Wir durften die Freude am Schreiben nicht verlieren, denn das war es, was uns in diesen Tagen am Leben erhielt. Deshalb stellten wir uns in einem Kreis auf und warfen einander – in Ermangelung eines Balles – ein Tuch zu, das Ilse kunstvoll zusammengewickelt hatte. Bei jedem Wurf musste jeder ein x-beliebiges Wort sagen. Es sollte sich auf das vorher Gesagte beziehen, aber man sollte es auf keinen Fall erklären. Dann musste jeder verschiedene Wörter aus seiner Erinnerung aufschreiben und aus einem der Wörter ein Cluster entwickeln.

9. Schreibübung:

Unmögliches gehört zusammen

Erstelle ein Cluster mit dem ersten Wort, das dir in den Sinn kommt. Vielleicht ist es etwas, was dich gerade bewegt. Wenn du dein Cluster betrachtest, kannst du gewisse Stränge erkennen. Schaue dir einfach an, wohin dich der Gedankenstrom geführt hat. Jetzt wähle drei Wörter aus, die du in einem Text verwenden willst. Nimm dazu ein anderes »ungewöhnliches« Wort, das auf den ersten Blick überhaupt nicht dazu zu passen scheint. Schreibe jetzt einen Text mit deinen Assoziationen auf das Clusterblatt. Beginne mit dem Wort »Nachthemd«. Du wirst merken, dass du dabei unweigerlich von deinem logischen Verstand hinüberrutschst in den kreativen Bereich.

Schreibübungen mit einem Cluster sind bei jedem neu angefangenen Text eine hervorragende Methode, um dein rationales Denken auszuschalten. Dabei kannst du mit den Worten spielen und dich irgendwohin tragen lassen. Auch dein Wortschatz vergrößert und deine Fantasie entwickelt sich.

Oft steht uns der Verstand im Weg. Wir meinen, dass das Geschriebene gleich Hand und Fuß haben muss, deshalb können wir uns nicht fallen lassen. Doch indem wir uns unter Druck setzen und gleich alles perfekt schreiben wollen, blockieren wir den kreativen Strom des Schreibens.

Unser bildliches Denken hört auf die Melodie des Lebens, während das begriffliche Denken auf die einzelnen Töne achtet, aus denen die Melodien bestehen.
Der Schlüssel zum natürlichen Schreiben lautet:
Zuerst kommt die Melodie!
Gabriele Rico[6]

Hilfestellung

Es war klar, dass wir trotz des Schreibens immer wieder mit unserer Frustration zu kämpfen hatten. Als Annelie dann am Nachmittag gestand, dass sie sich völlig erschöpft fühlte, kam ich auf eine Idee.

Wir mussten uns einen angenehmen Raum erschaffen, in dem wir schreiben, einen Raum, in dem sich jeder erholen und abschalten konnte. Manche gehen in eine Kirche oder auf einen Berg, sie setzen sich auf eine Bank im Park oder bauen sich einen kleinen Altar mit einer Kerze, einer Madonna, einem Engel oder einem Buddha.

---

6   Rico, Gabriele: *Garantiert schreiben lernen.* Reinbek: Rowohlt, 3. Aufl. 2004

»Ihr könnt nachher losgehen und euch den besten Platz suchen. Ich kann euch keinen englischen Garten oder eine Rosenhecke hierherzaubern, aber ihr habt eure Fantasie, und der sind keine Grenzen gesetzt.«

Meistens blockieren wir uns selbst, weil wir eingefahrene Vorstellungen haben. Lasse dich beim Schreiben nicht eingrenzen, sondern sei offen für Neues. Das wird deinen Texten ungewöhnliche Impulse geben. Wenn du dir in deiner Seele Raum schaffst, bekommen auch deine Geschichten neue Räume.

Zuerst gingen wir gemeinsam in östliche Richtung. Ich bat alle, sich nicht zu weit voneinander zu entfernen.
»Rufweite«, sagte ich. »Rufweite. Ihr könnt an jedem Ort aus einer unsichtbaren Quelle der Kreativität schöpfen. Alle wahren Künstler nähren sich davon, auch wenn jeder diesem Ursprung der Ideen einen anderen Namen gibt.«

Es gibt Augenblicke, in denen man feststellt, dass gerade einfach alles stimmt, man befindet sich in völliger Einheit mit dem, was man tut. Wenn ein Musiker mit seinem Werk und seiner Musik verschmilzt, in Übereinstimmung mit dem ist, was er gerade erschafft, erlebt er dieses Eins-Sein mit allem. Sportler erfahren es, wenn sie vollkommen in der momentanen Herausforderung aufgehen. Ein Schriftsteller, der beim Schreiben alles um sich herum vergessen kann, erlebt, dass die Zeit stillsteht und in diesem Moment die Umwelt für ihn nicht mehr existiert. Mihaly Csikszentmihalyi und viele andere nennen es das »Flow-Erlebnis«[7]. Man fühlt den Schaffensfluss, eine Mühelosigkeit, in der man sich in völliger Einheit mit dem befindet, was man erschafft. Diese Übereinstimmung mit sich selbst erlebt jeder, der eine Aufgabe erfüllt, die ihn erfüllt. Man befindet sich dabei auf dem Gipfel der Leistungsfähigkeit, auf der die Arbeit überhaupt nicht als anstrengend empfunden wird. In den »Flow« zu kommen, ist die Fähigkeit, den Augenblick vollkommen zu erleben, sich ihm hinzugeben, während das Gefühl, eine Aufgabe zu vollbringen, ausgelöscht erscheint. In dieser Selbstvergessenheit ist man in seinem Urzustand, ganz da, und nichts anderes existiert. Diese vollkommene Einheit von Körper und Geist erleben wir in kostbaren Momenten. In ihnen ist das Schreiben eine reine Freude.

Annelie seufzte: »Wofür das alles? Es macht ja Spaß und lenkt uns ab, aber ich werde nie so gut schreiben können wie die Schriftsteller, deren Werke man in den Buchläden findet.«

»Geht es wirklich um das Gut-Schreiben?«, fragte ich. »Bei Schreibanfängern ist es sehr wichtig, den eigenen Anspruch herunterzufahren. Ein Text muss nicht zu einer allzu ernsten Angelegenheit werden. Du darfst und sollst dich zunächst an Worten und Wortspielen erfreuen – wie ein Kind an Legosteinen. Dabei lernst du neue Ausdrucksweisen, und in deinem Gehirn entstehen neue Verbindungen. Deine Wortwahl verbessert sich, und du hast von Woche zu Woche mehr zu sagen.«

---

7   Vgl. etwa: Csikszentmihalyi, Mihaly: *Flow. Das Geheimnis des Glücks.* Stuttgart: Klett-Cotta, 15. Aufl. 2010

»Ich finde oft nicht das richtige und treffende Wort«, meinte Annelie. »Dann sitze ich da, und grüble und verliere dabei den Faden. Schließlich höre ich einfach auf.«

Wenn du Schwierigkeiten hast, das richtige Wort zu finden, empfehle ich dir das Lexikon *Die sinn- und sachverwandten Wörter*[8] oder ein ähnliches Buch. Dort kannst du nach Herzenslust stöbern, nachschlagen, nach passenden Wörtern suchen und andere Ausdrücke finden.

»Weißt du noch, wie du als Kind Geheimsprachen gelernt hast?«, wandte ich mich an Ute.
»Klar, das haben auch meine beiden Kinder bis zum Umfallen gespielt.«
Das brachte mich auf eine Idee.
»Kommt, wir spielen mit dem Vokal A.«
Dabei entstand ein nettes Gedicht von Tanja:

Katz sprang an Stamm
Kran an Ast
nahm Platz
sah Spatz
ratzfatz, fang Spatz
schmatz, schmatz
Spatz starb
Katz satt.

Ähnliche, berühmte Gedichte findest du bei dem österreichischen Dichter Ernst Jandl. Zu seinen bekanntesten Schöpfungen gehören Gedichte wie *heldenplatz* oder *ottos mops*.

---

8   *Duden 8: Die sinn- und sachverwandten Wörter.* Mannheim: Duden, 1992

10. Schreibübung:

Gedicht mit Vokalen

Sprich einen Laut, indem du den Mund weit aufmachst und »aahh« oder »uuhh« sagst. Probiere auch »eehh« oder »iihh«. Merkst du einen Unterschied? Jeder Vokal hat seine eigene Stimmung.

Wähle einen Vokal, und schreibe einige Wörter auf, die nur diesen Vokal haben. Mache ein Nonsens-Gedicht daraus. Probiere es wenigstens, es macht Spaß und schenkt dir Freiheit – auch wenn du meinst, dein Gedicht sei »nichts Besonderes«.

Variation

Wenn du meinst, Probleme mit dem Schreiben eines Gedichtes zu haben, dann versuche, einen Gegenstand – die Sonne, eine Blume o. ä. – mit den Augen eines Kindes zu sehen.

Das Gedicht muss sich nicht reimen, es soll bloß in einfachen und wenigen Worten das Wesentliche ausdrücken.

Matthias stöberte immer wieder in den umherliegenden Säcken, Taschen und verbeulten Behältern. »Darin sind bestimmt noch viele interessante Dinge versteckt, sicher können wir einiges davon gebrauchen«, meinte er.

Schließlich kam er mit strahlenden Augen auf mich zugerannt und fuchtelte mit einer kleinen Schachtel vor meinem Gesicht herum.

»Schau dir das an, Ruth, was denkst du, was ich gefunden habe? Mach's mal auf, das kannst du sicher für unseren Kurs verwenden.«

Ich schmunzelte, als er sagte »unser Kurs«. Ja, unsere Warte-Woche verwandelte sich in einen Kurs *Freude am Schreiben*. Wir waren dabei, neue Welten und neue Wörter zu entdecken, und durch seinen Fund kamen eine Menge Bilder hinzu. Mit großem Interesse und aufkeimender Freude schaute ich mir den Stoß kleiner Bilder im Spielkartenformat an, den er in der Hand hielt.

Manchmal ist Schreiben wie ein Gebet.
Wir vertrauen uns einer höheren Macht an.

Haben wir erst einmal ein Wort erhalten, ein Bild gesehen, einen Anfang gemacht, beginnt das Wort zu wachsen. Wenn wir darüber nachdenken, scheint es wie ein Wunder, dass aus den sechsundzwanzig Buchstaben unseres Alphabets Tausende und Abertausende von Büchern geschrieben wurden, und keines ist wie das andere. Die Sätze enthalten Millionen von Ideen, immer wieder neu formulierte Impulse, die sich in alle Richtungen ausbreiten. Und doch wiederholen sich einige Grundthemen. Vieles dreht sich um das Leben mit seinen Höhen und Tiefen, um Gefühle und Begegnungen, um Liebe und Verrat, um Leben und Sterben.

Was war vor dem Wort? War es das Bild, die Vorstellung oder nur eine Idee? War es eine unbekannte Energie, die sich eine Form erschuf? Oft ahnen wir, dass wir ein Teil eines großen Lebensbaumes sind, in dem und mit dem wir verbunden sind und wachsen. Wir verwandeln unseren Alltag, indem wir unsere grundlegende Fähigkeit zur Kreativität entdecken und sie entwickeln, wir erforschen schreibend neue Länder und fremde Welten.

Wachstum geschieht, wenn wir schreiben. Wir finden Wörter und Sätze, und dann ist wieder eine neue Geschichte entstanden, die nie zuvor so geschrieben wurde. Wir wählen unsere Figuren nach unserem Geschmack, wir lassen sie leben oder sterben. Das ist die Macht des Schreibenden.

Immer noch hielt ich die kleine Schachtel in der Hand, spielte damit und betrachtete die Bilder, breitete alles auf dem Boden aus. Plötzlich traten die Figuren und Gestalten heraus aus ihrem eingezwängten Dasein aus Formen, Farben und Mustern, wurden lebendig und wollten ihre Geschichte erzählen. Märchenhafte Bilder entwickelten sich vor meinem inneren Auge und drängten sich in meine Wirklichkeit herein.

»Erzähle von uns, erzähle von uns«, raunten sie in die gespannte Stille, und sie drängten zur Geburt von tausend Variationen.

»Ich will Bilder schreiben«, sagte ich spontan und tanzte ausgelassen und jubelnd um die ausgebreiteten Bildkarten. Mir war es in diesem Augenblick der Offenbarung völlig egal, was die anderen von mir dachten. Ich war einfach nur glücklich.

Später rief ich unser Team zusammen. »Kommt, wir wollen diesen Abend auf dem Felsen da oben verbringen, von dort aus können wir den Sonnenuntergang betrachten. Und vergesst nichts, nehmt alles mit, was ihr zum Schreiben braucht.«

Lange hockten wir dort, weit weg von unserem Flugzeugwrack, und betrachteten die ganze Situation von oben.

Assoziationen

Betrachte das Bild, und schreibe drauflos, schreibe alles auf, was dir dazu
einfällt.

»Erzähl uns von früher«, sagte ich
zu Ute. »Bist du eigentlich gerne in
die Schule gegangen?«
Ute blickte zu Dorothea hinüber,
schluckte ein paar Mal und begann
dann: »Nein, überhaupt nicht. Mein
Lehrer hat ständig gesagt, dass ich
eine furchtbare Klaue hätte und zu
viele Fehler mache. Meine Aufsätze waren immer rot ange-
strichen. Eines Tages behauptete er sogar: ›Aus dir wird mal
überhaupt nichts, wenn du so weitermachst, und in Deutsch
bist du sowieso eine Niete.‹ Seither habe ich nie mehr geschrieben – oder nur unter Zwang, wenn es unbedingt nötig
war. Vielleicht eine Geburtstagskarte oder so. Aber jetzt …
jetzt ist alles anders.«
Ute schnäuzte in ihr Taschentuch.
Stille legte sich über unsere kleine Welt, wir schauten in die
Ferne, und mit dem Aufgehen des Abendsternes drangen er-
loschene Erinnerungen in unser Bewusstsein.
Ilse erzählte: »Ich hatte oft in Deutsch eine glatte Fünf, und
unter meinen Aufsätzen stand immer ›Thema verfehlt‹. Danach habe ich außer Briefe nur noch Tagebücher geschrieben.
Aber die habe ich unter meinem Bett versteckt, damit

meine Mutter sie nicht finden und lesen konnte. Doch der Drang zum Schreiben kam immer wieder. Manchmal habe ich ein Gedicht geschrieben, aber auch das durfte niemand lesen.«

»Jetzt, als Erwachsene, müsst ihr euch das Land des Schreibens wieder Schritt für Schritt und Wort für Wort zurückerobern, auch wenn euch die Worte der Lehrer noch in den Ohren klingen. Vielleicht zeigt zu Hause niemand Verständnis für euer neues Hobby. Das kann euch egal sein. Hauptsache, ihr habt Freude daran.«

Es gibt viele Menschen, die im stillen Kämmerlein schreiben. Sie haben entdeckt, wie wohltuend es ist, am Abend den Tag Revue passieren zu lassen und alles Wichtige aufzuschreiben. Viele tun das seit ihrer Kindheit.

In meiner Jugend hatte fast jedes Mädchen ein Tagebuch. Dem konnte man alle kleinen und großen Sorgen anvertrauen. Es gab sogar verschließbare Bücher. Das war wichtig, weil viele Mütter die Angewohnheit hatten und haben, in den Sachen ihrer Kinder zu stöbern. Doch Kinder können nicht alles ihrer Mutter anvertrauen, und so manche Mutter hat das Vertrauen ihres Kindes endgültig zerstört, weil sie in seinem Tagebuch geschnüffelt hat.

»Jetzt ruft diese kleine Schreibstimme in euch, und ihr habt begonnen, alte Muster zu durchbrechen. Ihr könnt jetzt sagen: ›Ich will schreiben, ich schreibe, und das, was ich schreibe, braucht niemandem zu gefallen.‹ Die Lehrer sind jetzt nicht mehr da, sie haben nichts mehr zu sagen, vielleicht sind sie auch schon lange tot.«

»Doch, Dorothea ist hier«, warf Ilse ein. »Sie ist schließlich auch Lehrerin.«

Wir schmunzelten.

»Wir können unseren Lehrern nicht ausweichen, wir müssen uns mit ihnen arrangieren«, sagte ich und stand auf, um Dorothea zu umarmen.

»Aber das muss ich doch noch loswerden. Mir gefällt das Wort ›Übung‹ nicht. Das hat schon wieder was mit Schule zu tun«, beschwerte Ute sich.

»Dann nennen wir es eben ›Schreibimpuls‹, ›Idee‹, ›Ermutigung‹ oder sonst irgendwie. Das ist doch nur ein Wort.«

»Aber Worte haben einen Einfluss auf uns selbst und auf alles andere auch.« Da hatte Annelie recht.

»Also lasst uns das richtige Wort wählen. Wenigstens manchmal. Beim Schreiben.«

»Wir können es nennen, wie wir wollen, es wird nicht jedem gefallen. Aber wir wissen ja, was damit gemeint ist. Wir wollen spielerisch lernen, zu schreiben. Aber ein bisschen hat es schon auch mit Lernen zu tun.« Annelie hatte wieder den Nagel auf den Kopf getroffen.

»Klar, man lernt nie aus.«

Nach einigem Hin und Her einigten wir uns auf das Wort »Schreibimpuls«.

In die Stille hinein sagte ich nun: »Es ist bereits dunkel geworden. Kommt, wir machen noch eine Übung.«

Alle lachten: »Das heißt ab jetzt ›Schreibimpuls‹!«

12. Schreibimpuls:

Nimm drei Wörter

Schreibe drei x-beliebige Wörter auf einen Zettel, und schenke sie der Person, die neben dir sitzt. Falls du die Übung allein machst, nimm drei völlig unzusammenhängende Wörter aus einem Buch, das du wahllos aufschlägst. Schreibe einen Text, in dem diese drei Wörter vorkommen.

3. Kapitel

Alles, was wir tun,
alles, was wir denken, existiert bereits;
wir sind nur Vermittler,
das ist alles.
Wir machen von dem Gebrauch,
was bereits in der Luft ist.
Henry Miller[9]

Schreiborte – Den eigenen Platz finden

Die Sonne lachte uns beim Aufwachen ins Gesicht. Mein erster Gedanke war: Heute suchen wir uns einen besonderen Platz zum Schreiben. Wir wollten sowieso die Gegend erkunden. »Und vergesst nicht eure Schreibsachen!«, rief ich laut. Mit Begeisterung starteten wir in einen sonnigen Tag, Papier und Bleistifte in den Taschen.

Die Natur ist unser Lehrmeister. Wir Menschen sind wie Bäume. Auch wir haben unsere Wurzeln, und manchmal wollen wir bis in den Himmel hinauf. Doch zum Glück können wir uns nicht unbegrenzt nach oben strecken. Du kannst dem Wachstum deines kreativen Schreibens vertrauen, auch Texte beugen sich dem Naturgesetz. Vertraue dem Keim, der alles schon beinhaltet. Die Höhe und die Form eines Apfelbaums, einer Kiefer oder Pappel sind im Samenkorn bereits angelegt. Die Natur ist verschwenderisch, und auch wir haben die Wahl, unserem Text »Blüten«, »Blätter« und »Früchte« zu geben. Manchmal fliegen Millionen von Samen umher und finden keine Erde, keinen Halt oder guten Boden, um sich zu

---

9   Henry Miller in einem Radiointerview in den 60er-Jahren

vermehren. Jahr für Jahr fallen Tausende von Früchten auf den Grund und verfaulen, verrotten, ohne je Triebe hervorzubringen. Genauso schwirren Tausende Ideen in unseren Köpfen herum. Es macht nichts, wenn nicht alle zu Papier gebracht werden. Sonst wären es auch wirklich zu viele für unsere kleine Welt. Deshalb mache dir keine Sorgen, wenn nicht alles, was du schreibst, an »die Öffentlichkeit« gelangt.

Auch Geschichten entstehen und vergehen. Mache dir nicht zu viele Gedanken, warum noch keiner deine Fähigkeit zum Schreiben entdeckt hat. Manche Worte fallen in den Sand, und die Spuren verwischen bei der nächsten Meereswelle.

Zum Glück gehen aber auch genug Samen auf. Wir können Bäume pflanzen, und manche davon entwickeln so tiefe Wurzeln, dass sie jedem Sturm trotzen können.

Kreative Orte

In der freien Natur zu sitzen und dabei zu entspannen, regt die Kreativität außerordentlich an. Dein kreativer Ort kann an deinem Lieblingsbaum sein, eine kühle Stelle an einem Bachlauf oder auf einem Felsen mit einer herrlichen Aussicht, die dich inspiriert. Vielleicht entdeckst du einen historischen Platz, einen stillgelegten Steinbruch, eine kleine Kapelle – alles kann zum Ort der Kraft für dich werden.

Alte Bäume vermitteln uns Kraft und lehren uns etwas über das Leben, denn sie haben viele Generationen überstanden. Umarme einen Baum, lege dein Ohr an seinen Stamm, und höre, was da rauscht. Streiche mit deiner Hand über die Rinde, setze dich auf die Wurzel, und vor allem … genieße die Ruhe dabei!

Auch ein Platz auf einer Anhöhe öffnet den Geist und das Herz. Der Blick schweift weit über Felder, Wiesen und Wälder. Landschaften eröffnen sich vor deinen Augen, Variationen von Grün vermischen sich mit anderen Farben. Spüre die Luft um dich herum – da, ein Windhauch an deinem Kopf. Greife nach einem Grashalm zu deinen Füßen. Höre auf diese Stille, und sei ganz da. Es existiert nur dieser Moment für dich.

Natürlich kannst du dich beim Schreiben auch in ein Café oder bei gutem Wetter in einen Biergarten setzen und dabei die Menschen beobachten.[10]

Wähle einfach das, was für dich gut ist. Wo immer du schreibst, versuche, mit deinen Gedanken ganz dort zu sein. Überlege nicht, was du nachher noch zu erledigen hast oder was du am Wochenende kochen möchtest.

Das Schreiben führt dich immer in die richtige Richtung. Der Prozess des Freiwerdens beginnt an einem ganz besonderen Tag und dauert Monate oder Jahre. Nichts hat Eile, Pausen sind wichtig, gönne dir Ruhezeiten zum Auftanken.

Wir leben in Zeiten, in denen uns die Außenwelt zwingt, alles schneller und noch schneller zu erledigen, und dabei merken wir nicht, dass wir einem Trugbild nachrennen. Maschinen werden dazu erfunden, uns mehr Zeit zu geben, doch das Gegenteil passiert, wir hetzen unseren Aufgaben nur noch hinterher. Dadurch entfernen wir uns immer weiter von unserem kreativen Selbst.

An einem ruhigen Schreibort zu sitzen und ganz einfach nichts zu tun, führt uns in unsere Mitte, dort liegt, wie bei einem Rad, der Ruhepunkt. Dort dürfen wir rasten, uns erholen und träumen. Manchmal reichen fünf Minuten, in denen wir

---

10 Vgl. hierzu: Goldberg, Natalie: *Schreiben in Cafés*. Berlin: Autorenhaus-Verlag, 2. Aufl. 2009

nichts Vernünftiges tun müssen, sondern ein paar Striche auf das Papier kritzeln können. Damit bringen wir den unablässig sich um sich selbst drehenden Verstand zur Ruhe, der Kopf wird leer, und man kann »anders sehen«.

Schaue einmal in Ruhe die Striche an, die du aufs Blatt gekritzelt hast, betrachte das unbekannte Wesen darin, und schreibe, was du darin erkennen kannst. Ein Durcheinander, Chaos, eine Linie, ein Weg, ein Nest? Lasse deine Fantasie losrennen!

Zur Einstimmung auf deinen Text kannst du folgende Worte verwenden: »Ich befinde mich in der Abgeschiedenheit und weg vom Lärm. Ich bin im Hier und Jetzt, und Stille ist in mir.«

13. Schreibimpuls:

Einrahmung

Stelle dir vor, dass du die Landschaft wie durch einen Rahmen betrachtest. Setze den Fokus – wie durch eine Linse – ein paar Mal auf verschiedene Bereiche, und betrachte das, was sich innerhalb des Rahmens befindet, mit Muße. Schiebe den Rahmen dann ein Stück weiter, bis du den Ausschnitt entdeckst, über den du einen Text schreiben könntest. So, als ob du mit dem Fotoapparat ein ganz bestimmtes Motiv aussuchst. Halte Ausschau nach etwas, was dich anspricht, was dir gefällt, was einen Impuls in dir erweckt. Falls du meinst, dass zu viele Eindrücke auf dich einstürmen, dann wähle aus, und konzentriere dich auf ein einziges Bild.

Denn sonst kommst du in das Dilemma, über alles schreiben zu wollen, und weißt nicht, wo du anfangen sollst. Oft wird der Text dann weitschweifig, und du verzettelst dich, kommst nicht »auf den Punkt«. Deshalb suche dir immer nur eine einzige Szene aus. Schreibe über alle Details, die dir auffallen.

Virginia Woolfs Buch *Ein eigenes Zimmer*[11] hat viele Leser inspiriert. Doch diese drei Wörter verwenden viele Menschen auch als Entschuldigung dafür, nicht schreiben zu können. Sie behaupten, dass sie keine Privatsphäre, keinen eigenen Raum zum Schreiben haben.

Doch da wir beim Schreiben mit Bildern immer auch mit Metaphern zu tun haben, kann dieses eigene Zimmer auch ganz tief in unserem Innern sein. Dort gibt es genügend Räume, die uns Rückzugsmöglichkeiten bieten. Es ist unsere Seelenwelt, die wir beim Schreiben anzapfen. Dort finden wir den Stoff, aus dem die Träume sind, die Illusionen, die Fantasien und viele neue Ideen.

Ein Raum kann mehrere Bedeutungen haben. Manche erschaffen sich im materiellen Sinn einen Raum – oder wenigstens einen eigenen Schreibplatz, an dem sie täglich einige Zeit ungestört verweilen können. Dieser wird zum Ort des Rückzugs, eine »Tankstelle« für die Seele, ein Platz geistiger Unabhängigkeit. Doch wenn es dir daran mangelt, steht dir trotzdem dein innerer Raum zur Verfügung. In den musst du sowieso immer gehen, und das Gute daran ist, dass du ihn immer bei dir hast. Du musst nur den Eingang finden.

---

11 Woolf, Virginia: *Ein eigenes Zimmer.* Frankfurt a. M.: Fischer, 4. Aufl. 2001

14. Schreibimpuls:

Jetzt reicht's aber!

Wenn eine bestimmte unangenehme Situation dir über den Kopf wächst und du am liebsten abhauen möchtest, aber nicht weißt, wohin, dann suche dir eine der folgenden Überschriften aus, und schreibe eine Geschichte darüber.

Mögliche Überschriften:
▶ Ich fliege zum Mond
▶ Ich strande auf einer Insel
▶ Ich ziehe in eine einsame Hütte im Wald
▶ Ich gehe in die Wüste
▶ Ich verziehe mich in ein Kloster
▶ Ich fliehe zu den Indianern
▶ Ich segle über den Atlantik

Variation:
Du kannst deine Geschichte variieren, indem du nur drei Dinge mit auf deine Reise nehmen darfst. Was nimmst du mit? Schreibe auch darüber eine oder mehrere Geschichten.

Dorothea hatte ihren Text vorgelesen, und alle staunten über ihre ungewöhnliche Idee, doch Ilse meinte: »Na ja, die ist auch Lehrerin, die kann halt schreiben.«

»Das tut nichts zur Sache«, erwiderte ich. »Nicht jeder, der Germanistik oder Literaturwissenschaften studiert hat, kann deswegen auch kreative Texte verfassen. Im Gegenteil, manchmal stört das sogar.«

Matthias bemerkte: »Ich werde zu Hause meiner Mutter nichts von dem, was ich hier tue, erzählen. Sie würde sicher nur schmunzeln. Ich weiß schon, was sie denken würde …«

Ute ging es ähnlich: »Meiner ältesten Tochter kann ich bestimmt nichts von inneren Schreibräumen erzählen, sie hat kein Verständnis für Kreativität. Doch vielleicht kann ich mich ja herausreden. Ich könnte ihr sagen, dass es ein Kurs war, bei dem es darum ging, sein Deutsch zu verbessern. Das würde sie freuen.«

Dazu sagte ich nichts, denn es war jetzt wichtig, dass jeder lernte, sich einen inneren Schreibraum einzurichten, egal wie. Und die Angst und Unsicherheit musste besiegt werden.

Einen eigenen Raum zu erschaffen,
meint die Suche nach dem Ort,
wo man die kleine Stimme aus dem Inneren
am besten hören kann.

Es sind meist stille Plätze, die mich persönlich inspirieren. Sie sind weit weg vom üblichen Lärm des Alltages mit seinem unaufhörlichen Geschwätz.

Doch vielleicht liebst du auch ganz bestimmte Hintergrundgeräusche, die fast überall zu hören sind: das monotone Rattern während einer Bahnfahrt, leise Musik oder Wiegenlieder, bei denen kleine Kinder so wunderbar einschlafen können. Jeder muss herausfinden, was ihm guttut.

Ein imaginärer Rückzugsort kann eine Höhle sein, ein Tempel oder das Ufer eines murmelnden Baches. Er kann die Erinnerung an einen Lieblingsplatz im letzten Urlaub sein. Du kannst den Ort in deiner Fantasie mit einer Tür versehen, eintreten, sie hinter dir schließen und wählen, wo du Platz nehmen willst. Lasse dich hinwegführen in deine eigene Welt der Wunder, der Märchen und vor allem der Geborgenheit.

Du kannst dir ein Schild vorstellen mit den Worten »Eintritt verboten«. Nur du allein gehst da hinein, er gehört nur dir.

Solltest du dir eine Höhle vorstellen, ist es vielleicht zunächst dunkel, und du nimmst nur Schatten wahr. Doch wenn du eine Weile dort verweilst, entdeckst du möglicherweise eine Fackel und kannst sie anzünden – oder Worte finden, die das Dunkel erhellen. Eine neue Geschichte erblickt das Licht der Welt, wenn du mit dem Schreiben beginnst.

Es gibt zahllose Möglichkeiten, in alltäglichen Situationen Gedankenblitze einzufangen. Wenn wir aufmerksam sind, finden wir immer wieder Augenblicke, in denen Räume ausgeleuchtet werden, in denen neue Ideen entstehen können. Wichtig ist, dass du dir bei einer solchen »Eingebung« sofort Notizen machst. Dazu habe ich immer Papier und Stift dabei, denn diese Momente sind oft ein unerwartetes Geschenk. Du fühlst es, wenn du dem Ewigen begegnest. Oft ist es nur ein Bruchteil eines Augenblickes, in dem sich dir ein Geheimnis offenbart, das noch keine Worte kennt. Das Wissen kommt aus deinen inneren Räumen, die nur du kennst. Vielleicht wird es weder dein Verstand noch jemand in deiner Umgebung erkennen oder verstehen. Das ist zweitrangig. Das Wesentliche kannst nur du für dich allein spüren. Schreibe darüber.

Als ich einmal auf Sizilien war, geschah es. Ich stand auf einem Bergrücken und blickte über die weite Landschaft hinunter zum Meer. Ein Wind kam auf, und ich wurde leer und voll zugleich. Plötzlich kamen neue Worte angeflogen und formten sich von selbst zu Versen, die nicht zu fassen waren. Sie umgarnten mich mit seidenen Fäden, ich weinte, jauchzte und war froh, dass mich niemand beobachtete. Ich sah leuchtende Gedichte, die ich später als ein paar gestammelte Worte mit ins Tal hinabtrug. Anscheinend ging ein Strahlen von mir aus, denn die Leute sagten: »Das muss aber schön gewesen sein da oben.« Zurück blieb ein ganz besonderer Duft, durchsetzt von einer tiefen Dankbarkeit, einer großen Sehnsucht nach Erfüllung und Freude an neuen Worten, die ich zum Schreiben verwenden konnte.

Solche kostbaren Augenblicke, wenn die Muse uns küsst, sind selten und vergänglich wie Seifenblasen. Doch sie hinterlassen eine Hoffnung auf Wiederholung, einen Geschmack von Ganzheit, und immer bleibt die Gewissheit: Da gibt es einen Raum, irgendwo, in dem die Worte geboren werden – und manchmal erreichen sie uns mit voller Wucht.

Ich hatte die Bildkarten mitgenommen und zog sie aus dem Rucksack.

»Matthias, nimm doch eine davon heraus, ich bin auf Überraschungen gespannt.«

Folgende Karte lag nun vor uns, und wir schauten sie lange an.

15. Schreibimpuls:

Treppauf, treppab

Vertiefe dich ein paar Augenblicke lang in das Bild. Betrachte Farben und Formen, und lasse auch deine Gefühle einfließen. Du kannst eine Treppe hinauf- oder hinuntergehen. Suchst du etwas? Was findest du? Willst du ein Ziel erreichen, oder lässt du dich davon überraschen, was dir begegnet?

Dann beginne mit dem Schreiben. Der Text führt dich weiter – in die noch verborgene Idee hinein. Schreibe einfach um des Schreibens willen.

Gefällt dir das Bild nicht? Dann schreibe darüber.

Wenn du beginnst, ist das wie die Aufwärmphase beim Sport, wie Gymnastik. Das kritische Gehirn sollte sich nicht gleich mit Fragen wie »Was soll ich schreiben?«, »Wo soll ich anfangen?« und »Wie lang soll der Text werden?« einschalten können. Sonst kommst du gleich zu Beginn des Schreibens in die Versuchung, erst gar nicht damit anzufangen. Der innere Kritiker sollte keinen Eintritt in deinen inneren Schreibraum haben. Atme ein paar Mal tief ein, und beginne mit dem, was dich jetzt gerade beschäftigt. Das bedeutet, dass sich dein Kopf von den ewig kreisenden Gedanken entlastet. Mache dich frei von unnötigen Kommentaren, die dein kluger Verstand dir einflüstern will.

Hilfestellung zum Anfangen

Irgendwie fanden meine Freunde keinen rechten Anfang. Ich bemerkte, wie Dorothea gähnte und Ute in die Luft starrte. Annelie wollte gerade aufstehen, als ich sagte: »Natürlich kann ich euch auch eine Hilfestellung geben. Vielleicht seid ihr ›ausgetrocknet‹, das soll in den besten Familien vorkommen. Ich gebe euch einige Sätze, die euch zu einem Anfang verhelfen können:

Die Treppe führte tief hinein in den Berg …
Meine Angst verflog, als ich das Licht sah …
Ich fühlte mich plötzlich unendlich müde …
Eine Erinnerung an ein ganz bestimmtes Weihnachtsfest
tauchte auf …
Die Frau tat mir leid …«

Alle suchten sich den Satz aus, der für sie passte. Dann ging
jeder die Treppe hinauf oder hinunter.

Ermutigung

Vergleiche dich nicht ständig mit anderen.

Es wird immer jemanden auf dieser Welt geben, der besser
und gescheiter ist, der es zu mehr gebracht hat, der glück-
licher ist, der einen tolleren Partner hat und der besser
schreibt als du. Doch vergiss nie, dass du einmalig bist und
keiner so schreiben kann wie du. Du solltest dich natürlich
auch fragen, was das Ziel ist, das du mit dem Schreiben ver-
folgst. Willst du Schriftsteller werden? Dann ist dieses Buch,
dieser Kurs vielleicht nur zum Teil für dich bestimmt, denn als
Schriftsteller musst du noch viel mehr tun, als ich dir hier ver-
mittle. Der erste Schritt ist jedoch der gleiche: Du musst mit
dem Schreiben beginnen. Dann brauchst du natürlich das
Handwerkszeug, viel Durchhaltevermögen, eine Idee und
sehr, sehr viel Disziplin. Du musst dir Zeit geben und unwich-
tige Dinge beiseitelassen.

Schwanger mit einer Geschichte (aus einer Übung):

Noch ungeboren die Worte. Man muss warten. Im Schutz der Höhle pocht eine Idee. Das Wort wird geboren. Ein Satz, ein Funke von Licht. Dann der neue Text, schutzbedürftig noch, liebevoll gehegt, er braucht die Wärme der Mutter. Die Geschichte hüpft über Hügel und Täler, watet durch Flüsse, fließt über Steine, breitet sich aus über Felder, begibt sich auf Abenteuerpfade, baut Brücken über Abgründe. Worte purzeln durch Räume, ruhen sich aus und warten, draußen warten Mühe und Arbeit.

Ich bin ein Wort, ein ganz kleines, ernähre mich von tausend anderen Wörtern und beginne zu wachsen. Heilsam und stark die Wörter. Nahrung aus Buch und Büchern, bin ich selbst das Wort, von Wörtern genährt. Springe schreibend den Tanz über Abgründe und durch Wüsten, erzähle den Menschen Geschichten und Geschichten. Über das Wachstum eines kleinen Wortes im Bauch einer liebenden Schreibmutter.

Matthias zog sein zerfleddertes Buch aus der Tasche und sagte: »Hört mal her, was da steht: ›Schreiben ist schön!‹ Das ist ja die Höhe. Ich kenne keinen, der das behauptet hat – ich wenigstens tue es nicht.«

Ich lächelte.

Mache dir am Anfang nicht zu viele Gedanken, was du schreiben sollst, denn es geht um das Schreiben an sich und zunächst nicht darum, wie, wo und bei wem dein Text ankommt. Lasse das Wachsen und Sterben der Worte geschehen. Beim kreativen Schreiben darfst du verschwenderisch mit Worten umgehen. Totes Material wandert sowieso dahin zurück, wo es hergekommen ist. Manchmal geben wir einer Idee in unserem Text auch nicht genug Nahrung. Wenn das so ist, sollten wir mehr aus dem Vollen schöpfen.

Schreibe einen Text, in dem du über die Stränge schlägst. Gib an, sei großspurig und wichtigtuerisch. Falls du dich dabei wie ein Angeber fühlst, dann genieße das – nur für die Zeit, in der du schreibst. Beim Schreiben darfst du alles ausprobieren. Du kannst deinem inneren Helfer vertrauen; du wirst wieder auf dem Boden der Realität landen. Das tun wir alle, immer wieder. Deshalb sollst du ruhig einmal mit Worten »herumspinnen«. Das lockert die verkrusteten Stellen deines kreativen Potenzials.

Vielleicht besitzt du – von außen betrachtet – so ziemlich alles, und trotzdem wird deine kreative Seite nie ausgelebt. Kümmere dich um sie!

Schreibe auf, was du am liebsten machen würdest. Das kann ruhig eine lange Liste werden. Dann schaue sie dir an, und wähle das Naheliegendste oder Wichtigste davon aus.

Inzwischen war es Abend geworden. Ein laues Lüftchen wehte, und wir wollten so lange wie möglich unter freiem Himmel bleiben. Wir redeten über Gott und die Welt, und jemand sprach vom Sterben. Das nahm ich zum Anlass für die nächste Idee.

16. Schreibimpuls:

Sternschnuppen

Betrachte den Sternenhimmel, diese unendliche Weite. Fühle, wie klein wir sind. Was haben wir schon in der Hand? Was können wir denn überhaupt beeinflussen?

Vielleicht siehst du auch eine oder mehrere Sternschnuppen. Überlege dir, was du am letzten Tag deines Leben erreicht haben möchtest. Alles, was du bis heute schon erlebt hast, und alles, was noch passieren kann.

Schreibe jetzt auf, was dir zu dem Thema in den Sinn kommt.

Möglicherweise wird es eine Geschichte über Leben und Sterben. Manche kommen auch auf die Idee, ihre Grabrede vorzubereiten. Warum nicht?

> *Ein Mann las vor Kindern ein Gedicht vom »kalten Wind«. Da stand ein Junge auf, die Arme frierend um den Körper gelegt, und sagte: »Bitte, Sir, können Sie uns jetzt mal etwas Warmes vorlesen?«*
> Gabriele Rico[12]

17. Schreibimpuls:

So ein Wetter

Denke dich in das Wetter hinein. Das Wetter, über das viele Menschen schimpfen, weil sie nie mit ihm zufrieden sind, ist nichts Greifbares, aber du kannst es spüren. Wetter ist Wind, Sturm, Sonne und Regen, man spürt Hitze und Kälte. Mache in der Lis-

---

12 Rico, Gabriele: *Garantiert schreiben lernen.* Reinbek: Rowohlt, 3. Aufl. 2004

te weiter. Hier kannst du deine Kreativität voll entfalten. Bringe auch deine Gefühle zum Ausdruck, und übertreibe dabei ein bisschen.

Variation:
Schreibe einen Text: »Ich und das Wetter« oder: »Ich bin das Wetter«.

Wenn du meinst, dass du bei deinem Text total über die Stränge geschlagen hast, kannst du die Passagen ja später streichen. Es ist wichtig, dass du dir am Anfang diese Übertreibungen zugestehst. Und: Wer eine Szene völlig überzieht, hat den Weg zu einer Satire geöffnet. Probiere es aus!

> *Unsere Kinder verlernen die grundlegenden Fähigkeiten,*
> *um selbst kreativ zu sein.*
> *Sie sehen fern oder spielen Videospiele.*
> *Ich dagegen finde nichts daran verkehrt,*
> *mal ein gutes Buch in die Hand zu nehmen*
> *oder Buntstifte und Zeichenpapier.*
> *Damit betritt man den größten Kinosaal der Welt:*
> *das Gehirn.*
> Ridley Scott[13]

Das Thema »Schreiben mit Bildern« erfordert es, etwas über die Funktionsweise des menschlichen Gehirns zu sagen (auch wenn ich kein Wissenschaftler oder gar Gehirnforscher bin).

---

13   Ridley Scott in einem Interview mit Spiegel online vom 19.12.2007

Eine Geschichte vom Gehirn

Unser Gehirn besteht aus zwei Hälften, die durch eine Brücke miteinander verbunden sind. Die linke Hälfte funktioniert hauptsächlich logisch. Unsere Kreativität jedoch ist in der rechten Gehirnhälfte angesiedelt. Dort nisten wir uns ein, wenn wir etwas Musisches machen, sie ist der Ort für Musik, Rhythmus, Tanz und Emotionen. In der rechten Hälfte werden die ganzheitlichen Erfahrungen gespeichert, und wir können sie von dort auch wieder abrufen. Sie denkt in Bildern, sorgt für den Gesamtüberblick und ordnet allem Erlebten seinen spezifischen Gefühlswert zu. Diese Seite des Gehirnes versorgt uns mit Ideen und kreativen Impulsen.

Der Mensch in der westlichen Welt ist zu sehr mit dem logischen Denken beschäftigt, und seine linke Gehirnhälfte wird immerzu angetrieben und gefordert. In ihr sind die Organisation, die Planung, die Analyse sowie das Gedächtnis für Worte und Sprachen angesiedelt. Das bedeutet, dass ein Kind in der Schule hauptsächlich in diesem Bereich ausgebildet wird. Wenn wir das Spielen verlernen, es nicht üben oder es sogar verpönen, vernachlässigen wir den spielerischen »rechten« Teil in uns.

Von der Natur ist es wunderbar eingerichtet, dass es da eine Brücke gibt, einen Übergang von hier nach dort (wieder ein Bild), den wir in beide Richtungen nutzen können.

Du kannst dich also beim Schreiben ruhig in den rechten Bereich begeben und dich dort aufhalten. Dort kannst du deine Kreativität fördern und erleben und anschließend über die Brücke gehen. Auf der anderen Seite verbindest du das Geschriebene mit der notwendigen »Organisation«, damit meine ich die verstandesmäßige Überarbeitung. Doch du solltest immer im rechten Bereich beginnen.

Wir leben alle in derselben Welt und nehmen sie ganz ähnlich wahr, aber eben nicht identisch. Das bedeutet, dass wir gewisse Dinge anders sehen oder hören als der andere.
Es gibt Menschen, die etwas hören, wenn sie Punkte sehen. Es gibt Menschen, die Zahlen mit bestimmten Farben verbinden. Die Zwei ist für sie zum Beispiel immer blau, die Drei grün und so weiter. Das nennt man Synästhesie.
In unserem Gehirn haben wir etwa hundert Milliarden Nervenzellen, sogenannte Neurone. Zwischen diesen Neuronen funkt es, elektrische Impulse werden weitergegeben, das Gehirn arbeitet. Pro Sekunde kann eine Nervenzelle Hunderte solcher Impulse erzeugen; Gedanken und Ideen sind so einzigartig wie Fingerabdrücke.

Jetzt meinst du vielleicht, dass das viel zu abstrakt und wissenschaftlich klingt. Doch auch hier gebe ich dir ja wieder nur ein Bild. Lasse es in dir wirken. Wenn du Spaß daran hast, die Übungen in diesem Buch auf deine Weise zu machen, wirst du deine rechte Gehirnhälfte »betreten«, die Seite, die häufig unterentwickelt ist. Es ist das Areal, das bei so vielen Menschen brachliegt, in dem Tausende Möglichkeiten zur Entfaltung schlafen und ihrer Erweckung harren.
Entfaltung erinnert mich an die Gehirnfalten, an denen wir »entlanggehen«, das Areal erforschen und nach Geheimnissen suchen, die wir aufschreiben können. In der Regel müssen wir nicht lange suchen; die Goldklümpchen liegen auf dem Weg. Wir können sie aufheben und sammeln. Vielleicht müssen wir einige von Schmutz reinigen. Trotzdem ist das,

was wir dort finden, pures Gold. Es ist der Reichtum unserer Seele, unsere menschlichen Erfahrungen – mit allen Möglichkeiten zur Veränderung.

Die Länge aller Nervenbahnen des Gehirnes eines erwachsenen Menschen beträgt etwa 5,8 Millionen Kilometer, das entspricht dem 145-fachen Erdumfang. Was denkst du, was wir dort alles entdecken können? Also, machen wir uns auf den Weg![14]

Der Tag war gefüllt gewesen mit Hören, Schauen, Reden und Schreiben. Unsere Köpfe brummten ein wenig, und Ilse stöhnte: »Wenn wir nicht gleich ins Bett kommen, falle ich tot um.«

»Dann wünsch ich dir und uns allen schöne Träume«, sagte ich beim Abschied und verschwand in meine schützende Koje.

---

14 Wenn du mehr über die Gehirnhälften wissen möchtest, kannst du beispielsweise hier weiterlesen: Rico, Gabriele: *Garantiert schreiben lernen*. Reinbek: Rowohlt, 3. Aufl. 2004.

4. Kapitel

Natur ist pure Kreativität.
Verbinden wir uns mit der Natur,
öffnen wir die Tür zu einem tiefen Wissen
und entdecken unsere Schöpferkraft.

Inspiration an der Quelle

Es war mitten in der Nacht. Ich hörte die tiefen Atemzüge der anderen, doch meine umherwirbelnden Gedanken ließen mich nicht schlafen. Warum nur, warum?

»Steh auf, und folge mir«, sagte eine Stimme. War es möglich, dass diese Gestalt mich noch einmal besuchte?

Etwas unsicher stammelte ich: »Wo werden wir hingehen, es ist doch so dunkel. Oh, und ich kann nichts sehen.«

»Es gibt genug Licht, du kannst mir vertrauen.«

Obwohl ich ihr Gesicht nicht erkennen konnte, wurde mein Herz auf einmal leicht und froh, so wie beim ersten Mal. Jetzt sah ich im Schein eines Lichtstrahles ihr flatterndes, hellblaues Gewand. Wir sprachen lange nichts, während ich ihr folgte. Instinktiv wusste ich, dass sie mich zu einer Quelle führen würde. Nach einer lautlosen, fast schwebenden Wanderung entlang einer Allee hörte ich plötzlich das Plätschern eines Baches.

Sie muss eine der neun Musen sein, kam es mir in den Sinn. Da blieb sie stehen, drehte sich zu mir um, nahm eine Schale aus ihrem Tuch, beugte sich hinunter und schöpfte von dem kristallklaren Wasser, in dem sich das Mondlicht silbern spiegelte. Während sie mir das Gefäß reichte, sprach sie leise aber bestimmt: »Komm, und trink. Das wird dich heilen.«

An diesem Tag wollten wir das Tal aufsuchen, das wir gestern vom Berg aus entdeckt hatten. Die stundenlange Wanderung bot mir reichlich Gelegenheit, über das kreative Schreiben zu sprechen.

Kreativer Impuls

Beim Schreiben und allen anderen künstlerischen Tätigkeiten spricht man oft vom »Fluss«, vom »Herausfließen« der Kreativität, die meist verborgen in uns schlummert, die wir aber anzapfen können. Wir geben uns dem Fluss des Schreibens hin, und nach einer gewissen Zeit fließt alles wie von selbst in eine ganz bestimmte Richtung.

Mein Anliegen ist es, in dir den Fluss zum Fließen zu bringen. Doch zuerst möchte ich dich zur Quelle führen, dorthin, wo das Wasser entspringt. Von dort windet sich der Fluss durch allerlei Hindernisse und kommt nach langer Zeit mit seiner ganzen Fülle beim Ozean an. Dort findet die Vereinigung statt. Nur noch Wasser, fließend und strömend, das sich in den großen Kreislauf einfügt und aus der Tiefe der Erde zu neuen Quellen emporsteigt.

Leider finden wir in der Natur nur noch ganz wenige offene Quellen. Eine Quelle inmitten einer Wiese wird als störend empfunden und manchmal einfach zugeschüttet. Man hat so vieles einfach trockengelegt. So ist es auch in manchen Herzen geschehen. Sie sind vertrocknet, ausgedörrt.

Durch viele Generationen hindurch wurden Menschen systematisch von ihrer Quelle abgeschnitten. Man akzeptierte andere Mächte, von oben diktiertes Wissen, das sich als vermeintlich einzige Wahrheit in die Köpfe der Menschen einnistete. Man hinterfragte nichts, man schloss sich der Allgemeinheit an. Das war leichter, als sich selbst Gedanken zu machen. War die Erde wirklich bloß eine Scheibe? Viele hatten Angst davor, eine eigene Meinung zu entwickeln und auch kundzutun. Manche, die Zugang zu ihrem geheimen Wissen, zu ihrer inneren Quelle hatten, wurden mundtot gemacht und landeten im Gefängnis, in einem Turmverlies oder auf dem Scheiterhaufen.

Durch kreatives Schreiben können wir unsere verschütteten Quellen wieder freischaufeln. Wir suchen und graben, und indem wir den Schutt wegräumen, gelangen wir an das frische Lebenselixier. Manchmal kommt zu Beginn des Schreibens etwas »Schutt« ans Tageslicht, mit dem nicht jeder etwas anfangen kann. Diesen Müll kannst du nachher einfach wegstreichen und zur Seite legen. Lade das, was auf den Müllplatz gehört, dort ab. Aber entrümple dich schreibend. Das Blatt Papier kann zum Müllplatz werden, den du keinem vorführen musst. Doch beim Schreiben wirst du früher oder später deine Quelle wiederentdecken. Leider geben manche auf, bevor sie das Wasser gefunden und geschmeckt haben. Dann jammern sie oder meinen, sie hätten doch gewusst, dass sie nicht schreiben könnten, es komme doch nichts Gescheites dabei heraus.

Du brauchst Geduld mit dir selbst. Es gluckert schon aus der Tiefe herauf, und manches Mal – wenn du ganz still wirst – kannst du es hören!

Ich, der Ego-ist

Ich kenne eine Wiese in einem kleinen Schwarzwaldtal. Dort entdeckte ich eines Tages in Gras eingebettet eine kahle Stelle, ein kleines Wasserloch, umgeben von Sand. Ich hörte es glucksen, so leise, dass ich froh über die Stille um mich herum war. Da war sie. Eine Quelle. Meine Quelle.

Immer wieder bin ich auf der Suche nach ihr. Das Wasser quillt aus der Tiefe herauf, erfrischt mich, stillt meinen Durst, und immer stehe ich staunend vor dem Wunder einer Quelle mit frischem Lebenswasser, in das ich eintauchen kann, das mich reinigt, das ich trinken darf. So ist es auch beim Schreiben …

Wasser des Lebens

In vielen Geschichten und Märchen finden wir das Wasser als Symbol der Suche nach Heilung und Lebensfreude: Wasser, das den Durst stillt, Wasser, das den Kranken heilt. Manchmal muss sich der Held über den Todesfluss wagen. Oft geht es nur um drei Tropfen eines ganz bestimmten Wassers, das die Krankheit des dahinsiechenden Königs heilen soll.

Schreiben ist der Eintritt
in die Welt des Übersinnlichen.
Dort spricht die Muse
in der Sprache des Herzens.

19. Schreibimpuls:

Sinnlich schreiben

Du stehst vor diesem Wasserfall und betrachtest das Wasser aufmerksam. Vielleicht hörst du es rauschen, toben oder gurgeln. Spüre, wie ein paar Tropfen auf deiner Haut landen. Ist es kalt oder warm? Wo kommt das Wasser her, wo fließt es hin? Möchtest du am liebsten deine Schuhe ausziehen und deine Füße in das Wasser tauchen oder über die Steine balancieren? Hast du Angst vor einem Strudel? Was riechst du?

An deinem geschützten Platz bist du sicher und kannst in Ruhe alles beobachten, fühlen, sehen, riechen, hören und schmecken. Du kannst beim Schreiben auch deinen sechsten Sinn benutzen. Schreibe einen sinnlichen Text, der deine Liebe zum Ausdruck bringt.

Wasser – in seiner archetypischen Bedeutung – bezieht sich immer auf das Seelenleben mit seinen Bedürfnissen. Wer von Wasser träumt, kann sicher sein, dass er es mit seinem Gefühlsleben zu tun hat. Achte darauf, ob das Wasser trüb oder klar ist, fließend oder morastig, hell oder dunkel. Ist es ein ganzes

Meer oder bloß ein Rinnsal? Ist es ein Fluss, ein Bach oder ein Strom? Vielleicht eine Quelle oder ein tiefer Brunnen? Dort entdeckst du vielleicht den Froschkönig mit dem goldenen Ball. Du erlebst das Glück, für Momente eins zu sein mit der Quelle, aus der alles Leben fließt.

Wie gut, dass Ute ihren Fotoapparat mitgenommen hatte, denn plötzlich kamen wir an eine Lichtung, und ein dunkelblauer See lag friedlich zu unseren Füßen. Für ein paar Minuten standen wir einfach nur da, sprachlos vor Erstaunen. Ein idyllischer Bergsee mitten in dieser unwirtlichen Gegend!

Über das Element Wasser kannst du Tausende von Texten in allen Variationen schreiben. Wasser ist das Lebenselixier schlechthin. Unser Körper besteht zum größten Teil aus Wasser. Wir alle kommen ursprünglich aus dem Meer. Schreibe dich dorthin zurück mit einem »Wassertext«!

20. Schreibimpuls:

Wassertext

Betrachte das Bild. Lege zuerst ein Cluster dazu an. In der Mitte steht das Wort »Quelle«. Male davon ausgehend mit blauer

Farbe Gräben, Bäche, Flüsse, Ströme und allerlei Verzweigungen. An irgendeinem Ende kommst du zum Meer. Zeichne es mit einfachen Strichen, so, wie du es dir vorstellst. Vertiefe dich dann in dein Wasserbild, und schreibe alles hinein, was dir dazu einfällt. Lasse in deinem Text das Wasser frei fließen.

Der folgende »Wassertext« entstand während einer Schreibwoche. Die Aufgabe lautete wie folgt: Nehmt den Stift in die linke Hand, und schreibt alles auf, was euch zum Thema »Regen« in den Sinn kommt. Schreibt ohne Punkt und Komma! Ein Kursteilnehmer, Ralf, schrieb dieses Gedicht im Kreuzreim und mit perfekten fünfhebigen Jamben:

Regen

es regnet ohne punkt und ohne komma
es regnet worte aus der linken hand
es regnet ohne blitz und ohne donner
es regnet auf die stadt und auf das land

es regnet durch ein loch in meine kammer
es tropft gekrakel auf das blatt papier
oh regen wisch doch weg den katzenjammer
und spüle dies gedicht weit fort von mir

Allgemeine Hilfestellung

Um deinen gestressten Verstand zu entlasten, rate ich dir, viel an die frische Luft zu gehen. Suche dabei nach Wasserstellen. Du findest überall Wasser, du musst nur aufmerksam durch die Natur gehen. Falls du in einer Großstadt wohnst, gibt es dort ganz sicher einen Park. Suche Plätze auf, an denen du irgendeine Art von Wasserstelle findest. Vielleicht entdeckst du einen Springbrunnen oder einen Wassergraben, selbst eine Pfütze ist gut. Möglicherweise machst du dich auch ganz gezielt auf den Weg in ein abgeschiedenes Tal – dort gibt es fast immer einen Bach, den du entlangwandern kannst. Oder du fährst an einem Wochenende an einen See in deiner Nähe. Sicher warst du auch schon mal am Meer. Betrachte alles, was mit Wasser zu tun hat, genau. Selbst über einen dreckigen Tümpel oder einen verschmutzten Weiher kannst du schreiben. Wie wäre es mit einem Moor (Moorleichen) oder einem Stausee (vor einer hohen, dicken Mauer)? Achte auch auf die Gefühle, die du dabei hast. Wo geht es dir gut, wo willst du länger bleiben, wo gleich wieder weggehen? Lasse bereits gemachte Erfahrungen in deinen Text einfließen.

21. Schreibimpuls:

Wege

Erstelle zuerst ein Cluster, in dessen Zentrum das Wort »Weg« steht. Was begegnet dir auf einem Weg, einer Straße, einer Autobahn, einem Bergpfad? Das Thema »Weg« ist schier unendlich – entdecke immer wieder »neue Wege« zum Schreiben!

Im Alten Testament wird uns von der vierzigjährigen Wanderung des Volkes Israel berichtet. In einer ausgetrockneten Wüstengegend waren die Israeliten ständig auf der Suche nach Wasser. Moses, ihr Anführer, schlug mit seinem Stab gegen einen Felsen, wie es ihm sein Gott Jehova geboten hatte. Es floss genug Wasser für ein ganzes Volk heraus …

Wenn du dich innerlich in einer Wüstengegend befindest, brauchst du einen Stab, um an Wasser zu kommen. Du musst deinen Stift in die Hand nehmen und an den harten Felsen deiner Blockierung schlagen. Manchmal braucht es ein wenig Geduld, bis du wieder mit dem Fluss des Lebens in Berührung kommst. Aber wenn erst einmal der Anfang gemacht ist, beginnen die Worte zu fließen.

Dein Schreibstift kann der bildliche Stab sein. Eine Klangschale oder eine Glocke kannst du mit einem Klöppel anschlagen. Vielleicht klingt bereits ein ganz bestimmter Ton in dir, während du dieses Buch liest. Ding – Dong. Ja – Nein. Ein – Aus. Auf – Ab. Nach einer Weile wird die dürre Wüste bewässert, und wenn nicht gleich ein breiter, reißender Strom herausfließt, dann sammle wenigstens die Tropfen auf. Nimm dazu ein Gefäß – das leere Papier –, und freue dich über Worte des Lebens, die auf die ausgetrockneten Seiten zu tröpfeln beginnen.

Kaufe dir ein Buch mit leeren Seiten. Sie warten darauf, gefüllt zu werden. Schreibe sofort etwas hinein, und nimm dazu deinen Lieblingsstift. So beginnt das Wasser des Lebens zu fließen. Genieße es, dein erstes Gedicht einzutragen! Danach wirst du dich befreit und gestärkt fühlen.

22. Schreibimpuls:

Das kleine Haus im Grünen

Werde zuerst ganz still, und gehe in deinen Gedanken einen schmalen Weg entlang, rieche an den Blumen, streichle über ein frisches Blatt, und höre auf die knirschenden Geräusche deiner Schritte. Du siehst ein Haus am Ende des Pfades. Bleibe einen Augenblick lang vor der Tür stehen, bevor du die Klinke drückst.

Am großen Wasser
fühlst du dich eins
mit dem ganzen Universum.

Nach einer Mittagspause meinte Matthias: »Ich könnte euch etwas aus meinem Büchlein vorlesen.«

»Gerne«, sagte ich und fügte leise hinzu: »Dann kann ich auch einmal eine Weile entspannen.« Aber von Entspannung war keine Rede. Die Passage handelte von einem schwerbehinderten Jungen, der das Schreiben für sich entdeckt. Die Worte berührten mich, und ich wollte nichts anderes mehr tun als zuhören.

Sofort besorgte ich mir ein billiges Notizbuch und begann zu schreiben. Ich wusste kaum, was ich eigentlich tat. Ich saß nur einfach da und schrieb alles nieder, was mir gerade in den Kopf kam. Es war ein seltsamer Mischmasch von Wörtern, Sätzen und Abschnitten, die überhaupt keinen Zusammenhang hatten. Es war so, als mischte ich meine Farben und ließe sie alle zu einem einzigen Farbklecks zusammenfließen. Ich spielte mit Wörtern wie ein Kind, das von einem neuen Spielzeug begeistert ist, ich schrieb sie aufs Papier und betrachtete sie dann mit einer gewissen Verwunderung. Später begann ich, sie miteinander in Verbindung zu bringen, danach versuchte ich, sie in eine Form zu gießen, so, wie ich es mit meinen Farben machte. Schließlich begab ich mich daran, hinter dem Geschriebenen Gedanken auftauchen zu lassen, sodass es nach kurzer Zeit nicht nur bloße Wörter darstellte, sondern Ideen, nicht nur unzusammenhängende Gebilde, sondern Begriffe.

Als ich zum ersten Mal gelernt hatte, mit meinen Füßen zu schreiben, war ich fünf Jahre alt gewesen, aber ich hatte beinahe bis zu meinem siebzehnten Lebensjahr warten müssen, ehe mir klar geworden war, dass mir das Schreiben den Schlüssel zu einer neuen Lebensform schenken konnte. Von nun an wurde Schreiben das Einzige, dem mein ganzes Interesse galt. So, wie einst der Pinsel mein Zepter gewesen war, so war mein Fuß jetzt selten ohne Bleistift. Ich schrieb Geschichten über den Wilden Westen, in denen gewaltige Körperkräfte und rollende Wagen die Hauptsache waren. Sie entsprangen zum größten Teil den Erinnerungen an die Kinobesuche in meiner Kindheit. Die Personen darin waren tabakkauende Männer mit Schießgewehren, die den ganzen Tag tranken, dazu Mädchen mit flotten Figuren und umherschweifenden Augen, die niemals etwas anderes zu tun schienen, als ihre Beine zu zeigen und Gin zu trinken.

Oftmals ließ ich zu Beginn einer Geschichte etwa zwanzig Personen auftreten, aber schon ungefähr in der Mitte geriet ich in Verwirrung und wusste nicht mehr, was ich mit ihnen allen anfangen sollte. So ließ ich sie der Reihe nach totschießen, bis nur noch ungefähr zwei von den Hauptpersonen übrig blieben. Mein Schreibheft wurde häufig zu einem Friedhof.

Dann begann ich, gefühlvoll zu werden, und schrieb be-
sinnliche kleine Geschichten über das Thema »Junger
Mann und junges Mädchen«. Diese Geschichten waren
verträumt und voll von sehnsüchtigen Gedanken.[15]

Matthias sagte: »Hier überspringe ich den Abschnitt, in dem
ein ›Helfer‹ auftaucht, und mache auf einer anderen Seite
weiter.«

Als er die erste Seite las, sah ich ihn die Augenbrau-
en hochziehen. Er las die zweite und die dritte, und
jedes Mal schoben sich seine Augenbrauen höher hinauf.
Dann warf er das Heft auf den Tisch und sah mich an.
»Donnerwetter!«, sagte er und hielt inne.
Er blickte mich scharf an, um zu sehen, ob ich Kritik ver-
tragen konnte und verstehen würde. Ich bemühte mich,
eine gefasste Miene aufzusetzen. Er lächelte.
»Ja, es ist scheußlich«, sagte er, »die Sprache, die du an-
wendest, mag zur Zeit der Regierung der Königin Vikto-
ria üblich gewesen sein, aber …«
Mir wurde das Herz schwer, als ich das hörte. Es schien
hoffnungslos zu sein. Anscheinend sollte ich niemals das
tun können, was ich gerade jetzt mehr als alles andere zu
tun begehrte – die Geschichte meines Lebens zu schreiben.
Es schien, als wäre ich wieder an dem Punkt angelangt,
an dem ich immer stehen geblieben war, Dinge ausfüh-
ren zu wollen und nicht zu wissen, wie. Meine Träume
waren zu hochfliegend, um Wahrheit werden zu können.
Wie konnte ich jemals ein Buch schreiben – ich, der ich

---

15   Brown, Christy: *Mein linker Fuß*. Zürich: Diogenes, 8. Aufl. 1995

mein Leben lang hinter den vier Wänden meines Hauses eingeschlossen gewesen war und niemals auch nur das Innere eines Schulraums gesehen hatte? Ich war verrückt, überhaupt auf einen solchen Gedanken zu verfallen.

Plötzlich unterbrach er seine Lektüre und richtete sich im Stuhl auf. Ich schaute überrascht zu ihm hinüber. In seinem Gesicht zeigte sich ein beifälliges Lächeln. »Gut!«, rief er aufgeregt und schlug mit der Hand auf den Tisch. »Du hast hier einen Satz geschrieben, der von den anderen absticht wie eine Rose inmitten von Unkraut, ein schimmerndes, kleines Juwel, das man zwischen Steine geworfen hat. Er beweist mir, dass du schreiben könntest, wenn du nur wüsstest, wie.«

Das war es, was ich hatte herauskriegen wollen.

Er sagte mir, wenn ich Schriftsteller werden wolle, müsse ich schreiben lernen. Schreiben sei eine ebenso schwierige Kunst wie Malen, und wenn man diese Kunst meistern wolle, müsse man sie üben und nach und nach einen eigenen Stil entwickeln. Er sagte mir, dass ich, gleichgültig, wie schwer ich es auch fände, doch etwas Gutes hätte, was zu meinen Gunsten spräche – ich sei begierig darauf, zu schreiben, ich hätte Lust und Liebe dazu, und das sei genauso wichtig wie der Stil …[16]

Wir fühlten uns berührt und ermutigt und nahmen uns vor, mit dem Schreiben weiterzumachen. Deshalb gingen wir gegen Abend an einen Wasserfall, lauschten dem Dröhnen und schrieben »Wassertexte«.

---

16 Ebd.

Finde deine Inspirationsquelle,
und benutze sie wie eine heilende Medizin!

23. Schreibimpuls:

Meine Inspirationsquellen

Schreibe den Satz: »Meine Inspirationsquellen sind ...«, und mache eine Liste von allen Möglichkeiten, die dir in den Sinn kommen.

Hier gebe ich dir ein paar Beispiele:
▸ ein Buch lesen,
▸ in die Kirche gehen,
▸ einfach nur hinsetzen und träumen,
▸ ein Abendspaziergang,
▸ mit einer Freundin telefonieren,
▸ einen Drachen steigen lassen,
▸ einem Ballon zuschauen,
▸ Musik hören ...

Wenn du meinst, dass deine Liste jetzt lang genug ist, entscheide dich für einen Satz, und schreibe einen Text dazu.

Du kannst diese Liste immer wieder hervornehmen, ergänzen und die Orte aufsuchen, die du magst und die dir helfen, an deine innere Quelle zu gelangen.

5. Kapitel

*Ein gutes Buch ist
wie ein leuchtender Stern
über dem wütenden Meer.*

Energien

Die Kälte der Nacht wollte auch am Tag nicht von mir weichen. Nachdem Dorothea sich in den See gewagt hatte und
einige Runden geschwommen war, wunderte ich mich nicht,
dass sie schlotternd auf einem Felsen stand und nach einem
Handtuch rief. Wir hatten keines dabei, und Matthias kam
auf die Idee, ein kleines Feuer zu machen. Es lagen genug
Äste im Wald herum, und Annelie, unsere Raucherin, hatte
ein Feuerzeug dabei.

Ich bin eine Träumerin und ertappe mich immer wieder dabei, dass ich nicht mit anpacke, sondern mich mit neuen
Schreibideen beschäftige – so auch jetzt.

Ein Feuer! Ja, das Feuer in unserer Seele musste entzündet
werden. Feuer kann wärmen und vor dem Erfrieren bewah-
ren. Feuer ist auch Licht, Helligkeit. Doch wenn wir der Sonne zu nahe kommen, verbrennt sie uns. Jede Art von Energie
hat zwei Seiten – und wir brauchen beide.

Beim Aufwärmen las uns Matthias etwas aus seinem Büchlein vor.

Anna schreibt an Mister Gott

Irgendwie spürte Anna wohl selbst, dass ihre literarischen Werke ein bisschen arg durcheinanderliefen, denn sie ordnete den sich rapide vergrößernden Haufen von Blättern immer wieder neu – allerdings nach Gesichtspunkten oder Gedankengängen, die mir lange rätselhaft blieben. Richtig lesen konnte sie das Geschriebene oft nicht, aber sie behauptete, trotzdem genau zu wissen, was da stand. Sie hatte wohl auch ihr eigenes System entwickelt, ihre »Notizen« wiederzuerkennen; jedenfalls sortierte sie die Blätter mal nach der Zahl der Zeilen, mal nach der Farbe der Schrift, mal nach der Größe. Meistens war sie danach ganz zufrieden mit sich.[17]

Überall redet man über Energie. Da gibt es die Energiekrise, und wenn du lange krank im Bett gelegen hast, fehlt dir die Energie zum Aufstehen. In den östlichen Disziplinen – wie Qigong oder Tai-Chi – spricht man von Lebensenergien. Eine mittlerweile anerkannte Heilmethode ist die Akupunktur oder Akupressur, mit deren Hilfe die Energiebahnen von Blockaden befreit werden sollen. Energie ist, einfach ausgedrückt, die Kraft der Bewegung und des Fließens.

Es bewegt sich etwas in dir, die Bewegung des Schreibens. Deine Hand führt den Stift oder tippt auf die Tastatur. Es ist jene Energie, die den Künstler antreibt, ein Werk aus dem Nichts zu erschaffen – sei es ein neues Musikstück, eine Choreografie, ein Bild oder eine Geschichte.

---

17 Fynn: *Anna schreibt an Mister Gott.* © Fynn 1986. Scherz Verlag Bern, München, Wien
Alle Rechte vorbehalten S.Fischer Verlag GmbH, Frankfurt am Main

*Schreiben verleiht dir Flügel.
Du verlässt die Enge
und fliegst weit
in andere Welten hinein.*

24. Schreibimpuls:

Offene Tore

Schreibe einen Text über Türen und Tore, verschlossen oder geöffnet, hoch oder niedrig. Erstelle zuerst ein Cluster, und beginne in Gedanken bei einer ganz besonderen Tür. Es gibt auch Herzenstüren, Geldschranktüren und Türen zu verbotenen Räumen ...

*Kreative Energie
zeigt sich im schöpferischen Akt.*

Energie bezeichnet man auch als Tatkraft. Manchmal sind wir energiegeladen und wollen die Sterne vom Himmel holen. Wir entdecken die Energie der Unternehmungslust, werden davon angetrieben und verfolgen voller Dynamik unsere Ziele. Wir streben nach Höherem und entwickeln dabei unsere Begabungen, erlangen menschliche Reife und gebären neues Leben.

Es ist die Feuerenergie, die uns dazu antreibt, unser Potenzial zu entfalten. Wir streben nach Transformation und Inspiration. Manchmal träumen wir von Erleuchtung. Manchmal irren wir uns auch – dann verbrennt das Feuer unsere Bemühungen zu Asche. Doch immer kann aus der Asche ein Phönix aufsteigen, auch wenn es hundert Jahre dauert.

Auch verbrannte Erde birgt noch Keime des Lebens. Nach einem zerstörenden Waldbrand kann eine bunte Blumenpracht aus dem schwarzen Grund sprießen. Ebenso wird auch unser Lebenslicht noch nach unserem Tod irgendwo neu und anders weiter»brennen«.

25. Schreibimpuls:

Feuertext

Zünde eine Kerze an, oder betrachte eine Lichtquelle. Du kannst auch an eine Fackel denken (das olympische Feuer). Vielleicht zündest du auch Holz in einem Kamin an. Schaue in das Feuer, spüre seine Hitze, und lasse das Gefühl zu, das sich in dir ausbreitet. Vielleicht bist du in der Wärme geborgen, vielleicht spürst du auch eine gewisse Angst vor dem Feuer.

Beginne mit einem Cluster, nimm dazu das Wort »Feuer«. Verbinde deine Gedanken mit dem Wort »Kraft« und der großen Energie des Feuers. Schreibe jetzt einen »Feuertext«.

Du erweckst Begeisterung durch deine unbändige Lust, die sich beim Schreiben entwickelt – vor allem, wenn du dich einmal freigeschrieben hast. In feurigen Geschichten kann der Funke auf den Leser überspringen.

Indem du dein ganzes Streben auf ein Ziel hin ausrichtest – schreiben, schreiben, schreiben –, verleihst du deiner Begabung von Woche zu Woche mehr Ausdruck, und frische Gedanken fliegen dir vermehrt zu.

Vielleicht lässt du die Sonne scheinen, Sterne vom Himmel fallen oder Felsen ins Tal stürzen. Vielleicht verbannst du deine Figuren auch auf einen toten Planeten, damit sie dort etwas Großartiges leisten. Indem du deine schöpferische Kraft schreibend entfaltest, erschaffst du dir und anderen neue Welten.

26. Schreibimpuls:

Was soll denn das?

Auf diesen Bildern siehst du zwei grundverschiedene Dinge, die auf den ersten Blick überhaupt nicht zusammenpassen. Füge die beiden Bilder in einem Text zusammen. Beide stellen Energie dar, jedoch in unterschiedlicher Qualität und Form.

Beim Schreiben müssen wir einen klaren Standpunkt einnehmen. Versuche nicht, es jedem recht zu machen – der Leser kann mit einer unklaren Aussage nichts anfangen. Du darfst ruhig deine Meinung vertreten, denn dann weiß der Leser, was du meinst, und kann sich sein eigenes Urteil bilden. Du vermittelst ihm dein Bild, zeigst ihm deine Sicht der Dinge, aber du brauchst ihn von nichts zu überzeugen. Damit gibst du ihm die Freiheit der eigenen Entscheidung, denn die wenigsten Menschen wollen missioniert werden.

Während wir über ein bestimmtes Thema schreiben, entwickeln wir mehr Freiheit im Denken. Wir entfernen uns Schritt für Schritt von vorgegebenen Schablonen und festgefahrenen Vorstellungen. Dabei beginnen wir damit, die Dinge zu hinterfragen, und werden frei; wir kommen in Berührung mit der Lebensenergie selbst, können ihre Kraft spüren, uns ihr hingeben und sie bewusst einsetzen.

Wenn wir in unseren Geschichten negative Gefühle ausleben, können sie in der realen Welt keinen Schaden mehr anrichten. Wir haben die Wahl, wie wir Wut, Zorn und Hass in unseren Texten einsetzen. Die Beschäftigung mit diesen Emotionen lässt uns und unseren Text zudem authentischer wirken, und der Leser kann sich damit identifizieren.

27. Schreibimpuls:

Sprichwörter

Sammle eine Reihe von Sprichwörtern. Es gibt mehr davon, als du ahnst. Sie enthalten Weisheiten, die heute nicht mehr unbedingt stimmen müssen, denn sie sind oftmals vor sehr langer Zeit entstanden. Schreibe einen Text, in dem du so viele wie möglich davon verwendest. Du kannst manche Sprichwörter auch ins Lächerliche ziehen, übertreiben oder ihren Sinn entfremden.

Mache keine großen Worte.
Traue dich, einfach zu sein!

Unsere Gedanken bestehen aus Bildern, die oftmals symbolischer Natur sind. Eine Schlange kann für dich die große Verführerin darstellen. In der christlichen Symbolik ist sie die Verkörperung des Teufels schlechthin. Besonders, wenn man dir die Geschichte vom Sündenfall eingebläut hat und du sie verinnerlicht und geglaubt hast, wirst du das Bild einer Schlange in diese Richtung interpretieren. Bist du jedoch nicht so sehr mit der Bibel und dem christlichen Gedankengut vertraut, kann sie für dich zum Beispiel ein Sinnbild der ewigen Wiederkehr in zyklischer Form sein – besonders, wenn die Schlange sich in den Schwanz beißt. Oder sie steht für dich wegen ihrer Häutung für die ständige Verjüngung. Tod und Leben sind in dieser Tiergestalt einzigartig miteinander verbunden und werden beide durch sie verkörpert.

Die Schlange ist als Symboltier von größter Zwiespältigkeit, aber es sind bloß wir Menschen, die sie so bewerten. Mit der Schlange selbst hat das nichts zu tun – sie ist nur ein Bild. Was sie uns zum Beispiel in Träumen zeigen will und was wir dann beim Schreiben damit anfangen, das ist ganz allein unsere Sache.

28. Schreibimpuls:

Schlangentext

Schreibe spontan einen »Schlangentext«. Dabei kannst du dich ganz auf dein inneres Bild von der Schlange verlassen. Die Bedeutung, die du ihr gibst, ist die für dich richtige.

Ich träumte einmal von einer Schlange und verspürte eine diffuse Angst, als ich am Morgen darüber nachdachte. War sie nun die große Verführerin, ja, der Teufel selbst? Dann erzählte ich einem Freund von meinem unerklärlichen Traum. Er freute sich ungemein und sagte, wenn man von einer Schlange träume, bedeute das großes Glück.

Später kaufte ich mir ein Buch über Symbole und las, dass die Schlange eine Göttin sei. Was stimmte nun? Ich selbst muss wissen, was sie für mich bedeutet.

An diesem Punkt können wir nun beide Seiten der Medaille anschauen. Wir kommen zu der Erkenntnis, dass beim Schreiben im Grundsatz keine Idee »falsch« ist. Es geht um das symbolische Bild, wie jeder selbst es versteht, es geht um die Entdeckung verborgener Zusammenhänge. Es geht darum, das Vertrauen zu entwickeln, dass eine Schlange mir den Weg weisen kann und wird.

Mir geschieht immer das,
was ich glaube.

Um meine Unklarheit ganz loszuwerden, redete ich mit der Schlange: »Liebe Schlange, zunächst hatte ich furchtbare Angst vor dir. Würdest du mich verführen oder töten? Doch nun weiß ich, dass du mir nichts Böses tun willst, du willst mir nur helfen.«

Und schon begann ich eine Geschichte über die Schlangenkönigin, die der kleinen Prinzessin jeden Wunsch erfüllen möchte.

Die anderen baten mich, ihnen noch eine andere Schreibübung mitzugeben. Aus der Beschäftigung mit der Quelle fiel
mir eine Übung ein, die ich wichtig für jeden fand.

29. Schreibimpuls:

Mehr Energie für meine Ziele

Schreibe drei Ziele auf, die du gerne erreichen möchtest. Eines davon sollte etwas »Unmögliches« sein. Dann schreibe
eine Geschichte mit der Überschrift »Wenn ich einen Zauber-
ring hätte, …«!

6. Kapitel

Fantasie im Traum

Als ich aufwachte, hörte ich den Regen auf das Blech des Flugzeuges prasseln. Der Rhythmus versetzte mich in meinen Traum zurück: Ich war zu Hause. Ein starker, großer Löwe stand gebieterisch und mit wehender Mähne in meinem Garten und bewachte mein Haus. Ich fühlte seine große Macht, sein Anblick erweckte ein starkes Vertrauen in mir. Eine tröstliche Gewissheit breitete sich in mir aus: Eine große Kraft (hier symbolisiert durch den Löwen) würde mich und mein Haus gut behüten. Jede Spur von Angst fiel von mir ab. Von seinem lauten Gebrüll wachte ich auf – der Regen prasselte ungerührt auf das Blechdach.

Da bin ich wieder, dachte ich und betrachtete mit halb geöffneten Augen das ganze Elend um mich herum. Das würde bestimmt ein Tag für Fantasie und Märchen werden.

Viele der ganz großen Abenteuer erleben wir im Traum. Jeder Traum kann der Impuls für einen neuen Text sein. Dort ist alles möglich, wir können fliegen und uns unsichtbar machen, wir können hören, was andere denken, und wir können an mehreren Orten gleichzeitig sein. Dort ist alle Zeit aufgehoben.

Fantasie ist der Motor für die Kreativität.

Schon in der Kindheit haben wir uns mit Bildern beschäftigt, sind in unserer fantastischen Welt beim Spielen aufgegangen.

Die Fantasie kann man als Kernstück des kreativen Prozesses verstehen: Das kleine Kind beobachtet, wie der Vater in der Dämmerung ins Kinderzimmer kommt und sagt: »Da muss man mal Licht machen.« Er drückt den Lichtschalter – und es wird Licht. Das Kind kann nicht anders, als dem Vater die Fähigkeit, Licht machen zu können, zuzuschreiben. Der Vater bekommt dadurch magische, göttliche Qualitäten. Noch viel ausgeprägter sind die Erfahrungen des Kindes mit der Mutter: Sie ist buchstäblich Herrscherin über Wohl und Wehe des Kindes.

Doch spätestens in der Schule muss jedes Kind sich dann mehr und mehr an die anderen anpassen – freilich zu einem hohen Preis: Das Kind wird nach und nach gezwungen, seine ureigenste Weltsicht aufzugeben. Das, was übrigbleibt, sind eben die (von der Erwachsenennorm abweichenden) Fantasien.

Doch die können jetzt im Schreiben zur Quelle werden, aus der wir schöpfen, sie sind Stoff für Unterhaltung und Spiel. Fantasien fließen ein in die Schöpfung neuer Welten, man denke nur an Novellen, Romane, Märchen und vor allem an die fantastische Literatur.

Unsere Fantasie ist der Motor jeder Kreativität – gerade weil sie uns aus dem Korsett der Konventionen und Überlieferungen ein Stück weit heraustreten lässt.

30. Schreibimpuls:

Mondgeschichten

Lege zuerst ein Cluster mit dem Zentrum »Mond« an. Denke dabei auch an die verschiedenen Mondphasen mit ihren Bedeutungen. Nimmt er zu, nimmt er ab, oder ist er gar völlig verschwunden? Wie dunkel ist die Nacht? Schreibe einen Text darüber, was dir dazu einfällt.

Annelie war schlecht gelaunt, klagte über Kopfschmerzen, und dazu plagte sie das Heimweh. Ich würde gleich nach dem Frühstück ein Märchen erzählen, vielleicht könnte ich sie damit trösten.

Rumpelstilzchen für Schreibende

*D*a hockst du trübsinnig in einer Kammer und hast die Aufgabe, durch Schreiben Stroh zu Gold zu spinnen. Der König hat es befohlen, der Vater hat es eingefädelt, denn er will, dass du reich wirst – und er auch. Du weißt, dass du die Aufgabe nicht erfüllen kannst, zu kurz ist die Zeit. Du müsstest auf deinen Schlaf verzichten, denn die Arbeit, die dir aufgetragen wurde, nimmt eine lange Nacht in Anspruch, vielleicht sogar viele Nächte. Du kannst dich nicht mehr entspannen und denkst nur an das Eine: Ich muss das ganze Stroh in meinem Kopf zu Gold verarbeiten. Der König – das ist der Boss in deinem Leben – der will das so, und der Vater – dein Erzieher – hat es dem König versprochen. Also sitzt du weinend da – mit dem Haufen Stroh in deinem Kopf – und weißt, dass du diese Arbeit unmöglich bewältigen kannst.

Doch da gibt es ein kleines Männlein, das dir in deiner höchsten Not erscheint und auf einmal ganz leise die Tür öffnet. Der Kerl will dir helfen, möchte jedoch dafür ein Geschenk, und in deiner Hilflosigkeit versprichst du ihm alles. Es klappt ein Mal, es klappt zwei Mal, du kannst plötzlich schreiben. Du schreibst über gewöhnliche Dinge, schreibst über einen Ring und über eine Halskette. Über schöne Dinge, über Schmuck und Zierrat. Doch du ahnst jetzt schon, dass das nicht das Wesentliche ist. Schon nach der dritten Nacht hast du nichts mehr, worüber du schreiben könntest.

Doch da gibt es noch ein Kind, das noch nicht geboren ist, das will der Kerl als Geschenk. Du willst den ganz großen Wurf machen, träumst davon, Königin zu sein, reich und berühmt zu werden und dann sicherlich diesen Kobold für immer vergessen zu können.

Doch es kommt anders. Du wirst zwar Königin, bekommst einen oder mehrere Preise bei Wettbewerben, hast dein Kind geboren, doch das kleine Männlein kommt wieder. Und dieses Mal fordert es alles. Es soll etwas Lebendiges sein. Ein ganz lebendiger Text, einer, der aus deiner Seele, aus deinem tiefsten Inneren geboren und mit deinem Herzblut geschrieben wurde. Doch du kannst keinen besseren Text schreiben, weil du den Namen nicht kennst. Also schickst du Helfer aus, die alle Lande durchziehen sollen. Du liest alle Bücher der Welt und belegst einen Kurs »Wie werde ich ein großer Schriftsteller«.

Du kennst inzwischen alle gewöhnlichen und viele unmögliche Namen. Aber du weißt, keiner davon ist der richtige! Deine Helfer nennen dir immer noch mehr neue Namen wie »Rippenbiest« oder »Hammelswade« und »Schnürbein«. Fantasie und noch mal Fantasie. Doch das kleine Männlein hat einen unaussprechlichen Namen. Du kannst nicht ausdrücken, was du wirklich sagen möchtest. Du willst den Text lebendig machen, doch da gibt es einen Haken: Du findest nicht das richtige Wort.

Du suchst nach deinem eigenen, lebendigen Ausdruck! Du ahnst und weißt es ganz genau, dass du den Kern der Sache nicht getroffen hast, denn »das Ding« hat einen ganz besonderen Namen. Du lernst und suchst weiter, willst die Wörter, die du schreibst, mit ihrem wirklichen Namen benennen, denn das ist die Aufgabe der Königin. Da gibt es einen Ort am Fuß eines hohen Berges, mitten in einem Wald, wo sich Fuchs und Hase Gute Nacht sagen. Dort steht ein kleines Haus, und vor dem Haus brennt ein Feuer, und um das Feuer springt ein kleiner Kobold, der sein Spiel mit dir treibt. Es ist der mit dem unbekannten Namen. Er tanzt wie wild um das Feuer deiner Kreativität und hält dich dabei zum Narren. Er hüpft auf nur einem Bein. Deshalb ist auch dein Text nur »halb«, er hat nicht genug Hand und Fuß.

Dein innerer Verbündeter und Helfer hat diesen Platz entdeckt. Du bist zu dem Ort vorgedrungen, an dem das Geheimnis gelüftet werden kann, während der Kobold weiter sein Spielchen mit dir treibt: »Ach, wie gut, dass niemand weiß, wo das richtige Wort zu finden ist.«

Doch dort, bei dem lodernden Feuer, da küsst dich plötzlich die Muse, dir gehen die Augen auf, und du erfährst auf einmal den richtigen Namen. Du siehst das Bild! Hier, an diesem verborgenen Ort, wo das Feuer nie aus- geht, hier findet die Befreiung statt. Dein erstgeborener Sohn gehört jetzt ganz dir, du hast ihn zur Welt gebracht und kennst nun den richtigen Namen.

Es sind deine Texte, deine Sprache, dein Herzblut. Dein Schreiben hat dich dahin gebracht, hat dich erlöst. Das ist dein kreatives Werk, was in den dunklen Nächten von Stroh zu goldenen Worten verwandelt wurde. Und du weißt, nicht du warst es – da war etwas, was durch dich hindurch geschrieben hat. Aus Stroh wurde Gold, weil du nun den unaussprechlichen Namen kennst, du kannst Dinge be-nennen.

Ein Märchen ist eine fantasiereiche, mit Zaubermotiven aus- gestattete Erzählung, die – im Gegensatz zur Sage – von kon- kreten Gegebenheiten der Wirklichkeit unabhängig in einer zeitlosen Welt spielt und keinerlei Glaubwürdigkeit für sich beansprucht. Tiere und Gegenstände können sprechen, der Held wird verwandelt, verkehrt mit übernatürlichen Helfern und Gegnern und bewältigt unlösbar scheinende Aufgaben. Das Volksmärchen wurde durch die mündliche Weitergabe mitgeformt und endet fast immer glücklich. Man unterschei- det die eigentlichen Zaubermärchen von legendenartigen Märchen, Schwank und Lügenmärchen. Märchen haben sich über die ganze Welt verbreitet. Bilder aus Tausendundeine Nacht regen die Fantasie an.

Klassische Märchen finden immer mehr tiefenpsychologi- sche Deutungen.

Wer sich von Märchen berühren lässt, indem er emotional in das Geschehen eindringt, erfährt deren heilende Wirkung. Wir nehmen teil an der Erlösung der »verhexten« Teile durch Helfer, die durch viele Schwierigkeiten hindurch ihre Aufgabe erfüllen. Durch Begegnungen mit den Archetypen und die schreibende Wiederherstellung der Ordnung können auch wir selbst »in Ordnung« kommen. Das Schreiben eines Märchens besitzt eine magische Kraft auch für uns selbst, die uns verwandeln kann.

Viele Märchen sind voll von Wünschen, sie sind ein wichtiger Teil des Lebens. Wünsche sind die magische Utopie. Sie schildern ein Fernziel, das man erreichen möchte – leider in den meisten Fällen, ohne allzu viel dafür zu tun. Der Held im Märchen erfüllt immerhin Aufgaben, löst Rätsel und übersteht Gefahren, bis sich seine Wünsche erfüllen.
Wer sich etwas wünscht, sollte sich darüber klarwerden, ob er das Gewünschte auch wirklich will. Sollte die Antwort »Ja!« lauten, gilt es, den Wunsch zu formulieren. Wir müssen bereit sein, alles für seine Verwirklichung zu tun, was nötig ist.
In vielen klassischen Märchen taucht immer wieder die Zahl Drei auf. Man spricht von der mystischen Kraft der heiligen Drei, die sich auch im religiösen Denken als Vollkommenheitszahl etabliert hat. Religiöse Gebäude sind dreigeteilt, wir haben die Dreifaltigkeit und die drei Welten der Schamanen. Diese Liste kann man endlos fortsetzen.

31. Schreibimpuls:

Drei Wünsche frei

oder

Drei Ideen für drei Wünsche

Beispiele:

1. Du bist ein großer König (oder ein Präsident) und darfst drei ausgefallene Wünsche aussprechen.
2. Du befindest dich in einem Wunschkabinett und darfst dir drei Dinge wünschen.
3. Du betrachtest das Bild oben und erzählst dem Fisch deine drei Wünsche.

Schreibe einen Text darüber, wie sie sich erfüllen. Du kannst anfangen mit: »Es war einmal ...« – wie die meisten klassischen Märchen beginnen.

Wir erfanden weitere kreative Spiele für das Schreiben. Dieses Mal verzichtete ich auf ein äußeres Bild, jeder konnte sich inzwischen sein eigenes inneres Bild durch eine Fantasiereise herbeizaubern.

32. Schreibimpuls:

Eine Fantasiereise

Um dein Leben und deine Geschichten zu bereichern, kannst du immer wieder eine Fantasiereise unternehmen.

Ich erzähle dir einen möglichen Anfang:

Du stehst vor einem eisernen Tor, doch es ist verschlossen. Als du umherschaust, siehst du unter einer dicken, uralten Baumwurzel einen Schlüssel. Du bückst dich, greifst danach, steckst ihn in das Schloss und drehst ihn rechtsherum. Da hörst du, wie sich das Tor quietschend öffnet. Dahinter befindet sich ein Raum. Eine feine Stimme dringt an dein Ohr. Tritt ein. Du gehst leichten Fußes im Raum umher und betrachtest allerlei Gegenstände. Staunend gehst du Schritt für Schritt weiter. Du spürst, wie jemand an deiner Seite geht, obwohl du niemanden sehen kannst. Die Stimme flößt dir Vertrauen ein. Sie sagt: »Suche den Schatz, er gehört dir!«

Bleibe noch ein paar Augenblicke bei diesem Eindruck, lasse das innere Bild auf dich wirken, und schreibe jetzt die Geschichte weiter.

Es ist jenes Land,
das meist unwissentlich betreten wird:
das Reich der Träume und der Bilder,
das heißt, das Unbewusste.
Wolfram von Eschenbach, *Parzival*

Märchen sollen heilen. Oft ist die Seele – repräsentiert durch die Protagonistin – in Not geraten, verzaubert oder krank. Sie schläft schon hundert Jahre lang, ist arm oder etwas zu klein geraten, hat eine lange Nase, vielleicht hat sie ihre sieben Brüder verloren, die allerdings auch verwunschen sind und als Schwäne durch die Welt ziehen. Manchmal gibt es einen Ort, den man um Mitternacht aufsuchen soll, um dort zu graben und nach ihr zu suchen. Oder sie wird symbolisiert durch einen unzugänglichen Platz auf einem einsamen Felsen am Meeresufer. Manchmal geht die Seele auf eine lange Reise in einen dunklen und verzauberten Wald, wo sie an einer ganz bestimmten Stelle nach etwas suchen muss. Oder sie muss in eine enge und niedrige Höhle kriechen, in der die Drachen hausen.

All das sind versteckte Aufgaben, die es zu lösen gilt. Lösen heißt in diesem Sinne auch *er*lösen.

Viele Märchen handeln von der Angst des Kindes, das Elternhaus – Vater oder Mutter – zu verlassen und in die Welt hinauszugehen. Es ist die Angst, mit Unbekanntem konfrontiert zu werden. Märchen bieten Stoff für Themen wie Heilung, Erlösung und Entzauberung.

Wenn wir uns mit Märchen beschäftigen, können wir hinter die Fassaden schauen und darauf horchen, was die Dinge uns zu sagen haben. Die Themen von klassischen Märchen kreisen immer um das Eine: Jemand ist auf der Suche, er muss etwas finden – ein Kraut für den sterbenden König oder drei Tropfen vom Wasser des Lebens – und durch all die Aufgaben eine Prinzessin erlösen. Der Held muss meistens beinah unmögliche Dinge erledigen und Taten vollbringen, die scheinbar nicht in seiner Macht stehen. Doch immer bekommt er einen Helfer zur Seite.

Wenn du einmal das Prinzip von Märchen durchschaut hast, kannst du dieses Muster für so ziemlich jede Geschichte verwenden. Durch das Grundthema der klassischen Märchen wirst du viele neue Ansätze zum Schreiben entdecken.

Märchen sollen und wollen heilen – den, der sie liest, und den, der sie schreibt.

33. Schreibimpuls:

Mögliches und Unmögliches

Schreibe zehn verschiedene Sätze auf, die mit diesen Worten beginnen: »Es ist möglich, dass …«
Nimm davon einen Satz; und schreibe eine Geschichte daraus.

Variation:
Wie oben, aber mit dem Satz: »Es ist unmöglich, dass …«

Wir können unsere verlorengegangene Fantasie
durch das kreative Schreiben neu erwecken.

In der Fantasie gibt es Riesen, die in Höhlen hausen, auf Bergen oder in dunklen Wäldern wohnen. Auf den ersten Blick erscheint der Riese als eine Art Übermensch, als bedrohliche Macht. Wir kleinen Erdenwürmer empfinden nichts als Angst vor ihm und wissen nicht, wie wir mit einem solchen Ungeheuer umgehen sollen. Hilflos und allein stehen wir manchmal vor »Riesen«-Dingen.

Wir meinen, alles, was groß ist, sei auch machtvoll und unbesiegbar. Unsere Gedanken haben sich in dieses Muster verstrickt, und ein Riese wird für uns zu einem unüberwindbaren Hindernis. Denken wir nur an die Wörter »riesengroß«, »Riesendurst«, »Riesenkraft«.
Sammle Wörter, die dir dazu einfallen.
Doch es geht auch anders. Ein Riese als helfende Instanz – wie wäre das? Hier kann dir das Schreiben zu Hilfe kommen. Ein Riese als Herausforderung zum Kampf, in dem wir siegen

werden. Oder ein Riese als hilfloser Tölpel, der stottert, der selbst Angst hat, der ziemlich dumm ist, der nie eine Schule besucht hat, weshalb er kein Wort lesen oder schreiben kann. Aber du kannst es, und dein Schreiben schenkt dir den Mut, mit all den Riesen-Möglichkeiten zu spielen.

Beim Schreiben können wir
mit dem uns Angst machenden Ungetüm
wie einem Riesen oder Drachen
machen, was wir wollen.

34. Schreibimpuls:

Eine seltsame Begegnung

Betrachte das Bild, und schreibe eine Geschichte über eine Fantasiegestalt. Schreibe die Geschichte so, wie du dir die Handlung wünschst. Schreibe einen Liebesbrief oder einen Hilferuf an das Wesen. Tritt in einen Dialog ein mit dem Ungetüm, das sich vor dir aufgebaut hat. Du kannst folgende Überschrift dazu verwenden: »Eine seltsame Begegnung«.

Variation:
Der Brief kann auch an eine Fee geschrieben werden oder an eine gute Hexe.

Was wir schreiben,
verändert unsere Sicht der Welt.

Annelie schrieb über einen Riesen. Er war die Liebenswürdigkeit in Person, und wir alle verliebten uns in diesen Tölpel.

Mit tröstenden Gedanken und fantasievollen Texten kamen wir abends todmüde in unserem vorübergehenden Zuhause an. Dort fantasierten wir uns in eine Welt hinein, wo es Dampfnudeln mit Vanillesoße gab. Nur Matthias wünschte sich ein gebratenes Hähnchen mit Pommes frites und Ketchup.

7. Kapitel

Wenn du nicht weißt,
wie du dich in einer Situation entscheiden sollst,
dann setze die Welt der Bilder ein.
Bilder können dir
einen vorher nicht erkannten Weg aufzeigen.

Entscheidungen

Beim Schreiben müssen wir immer wieder Entscheidungen treffen. Dazu brauchen wir unsere Intelligenz, mit der wir uns Klarheit darüber verschaffen, was wir sagen wollen, wohin wir gehen wollen.

Viele Menschen haben ein Problem mit dem Fällen von Entscheidungen – es gibt so viele Möglichkeiten, es gibt so viele Angebote. Manchmal quellen wir über vor Ideen: Eigentlich könnte man ja über alles schreiben. Doch »alles« ist wirklich zu viel. In diesem Fall brauchen wir ein Schwert als Schneidwerkzeug, wir müssen trennen und scheiden. Hast du das Schwert benutzt, dich endlich entschieden, dann schaue nicht zurück! Das bringt dich nicht weiter! Das ist eher ein Stoff für eine Geschichte: Der unschlüssige Protagonist muss eine Wandlung erfahren – oder scheitern. Entscheide dich, was mit ihm passieren soll, und schreibe es dann mutig auf.

Vielleicht machst du dir zu viele Gedanken, zerbrichst dir über alles den Kopf, hast unnötige Sorgen und bringst dich dadurch in innere Nöte. Du sitzt da und brütest vor dich hin, dein Verstand will immer alles unter seine Kontrolle bringen. Weil deine intellektuelle Seite überbetont ist, wirst du kopflastig, bist dir deiner wahren Gefühle nicht bewusst und verlierst den Zugang zu deiner Intuition. Das übermäßige Denken schneidet dich vom Fluss der Kreativität ab.

Doch du kannst dich täglich neu entscheiden. Du kannst das ständige Plappern deiner Gedanken zur Ruhe bringen, indem du dir deiner Macht darüber bewusst wirst! Du kannst dich deiner Kraft bedienen, indem du laut »Stopp« sagst. Entscheide dich bewusst für eine ruhige Zeit, gehe spazieren, oder tue, was du sonst gerne tust. Du selbst weißt am besten, was deine Kreativität stärkt.

Die Luft ist bewegt, klar, kühl, erfrischend und belebend. Deine Gedanken fliegen wie eine Schar Vögel am Horizont entlang. In deiner linken Gehirnhälfte befindet sich eine ganze Welt der Abstraktion, der Mathematik, der Logik. Du möchtest eine Vielzahl von Standpunkten einnehmen und kannst dich nicht entscheiden, bist unzuverlässig und wechselst dauernd deine Meinung. Wenn du keinen Zugang zur rechten Gehirnhälfte hast, lebst du in der Welt der tausend Worte, der Begriffe, der Mathematik.

Vor allem in unserer westlichen Welt ist die Kopfbetonung so ausgeprägt, dass ein verkümmertes Seelenleben zur Selbstverständlichkeit geworden ist. Die Dominanz des Intellekts wird überall in den Schulen gelehrt.

Oft übernimmst du Gedanken, die andere, dir nahestehende Menschen, über dich gedacht haben und die du nie hinterfragt hast. Immer wieder hast du bestimmte Dinge gehört und verinnerlicht, und nun beeinflussen sie dein ganzes Leben.

Beim kreativen Schreiben kannst du die alten Denkstrukturen durch neue, bessere ersetzen. Du kannst neue Leitsätze entwickeln, die dich stärken und aufbauen, anstatt dich herunterzuziehen.

35. Schreibimpuls:

Über Brücken gehen

Betrachte das Bild, und schreibe einen »Brückentext«. (Es können auch sieben Brücken sein, und du kannst die Melodie dazu summen.)

Ein gutes Wort zur rechten Zeit ist wie eine heilende Salbe.

36. Schreibimpuls:

Wendezettel (für eine Gruppe)

Jeder schreibt auf einen Zettel eine Frage oder ein Problem, das ihn gerade beschäftigt, und reicht seinem Nachbarn verdeckt den Zettel. Dieser schreibt auf die Rückseite ein x-beliebiges Wort. Dann bekommt jeder seinen eigenen Zettel wieder zurück und schreibt einen Text, in dem die Frage und das Wort vorkommen müssen.

Weitere Schreibideen

Spiele mit Wörtern, das bringt dich in die Leichtigkeit des Seins. Tue so, als ob du Erstklässler wärst, und schreibe lauter Wörter, die mit dem Buchstaben A, B, C usw. beginnen.

Dieser Denksport entfaltet vor dir eine Fülle von weiteren Wörtern – oft ist unser Denken einfach nur eingerostet.

Schreibe unlogische Sätze ohne Zusammenhang. So wirst du in einen freien Raum geführt, in dem sich der enge Geist wieder weiten kann.

Probleme zu wälzen, bringt dich nicht weiter. Lasse den Streit zwischen Herz und Kopf zu, aber entscheide dich bewusst für das Herz. Gönne dir eine Verschnaufpause, auch wenn du immer noch meinst, dass etwas verändert werden muss. Wenn deine Gedanken stets nur um die Probleme kreisen, blockierst du dich selbst. Du musst ihnen Einhalt gebieten, denn du bist Herr im Haus deines Herzens.

Nach einer Weile ist es Zeit, für Klarheit und Ruhe zu sorgen. Damit du nicht alles in dich hineinfrisst, kannst du deinen Frust aufschreiben. Das musst du wirklich nicht »gut« machen.

Wörter wie Ja oder Nein
haben schon Reiche
zusammenbrechen lassen.

Manche von uns haben immer noch Worte von Vater und Mutter im Ohr, auch wenn diese schon längst gestorben sind. Manchmal ist es ein verletzendes Wort, oder es sind heilende Worte. Worte, die unseren späteren Lebensweg geprägt haben. Manche Worte können die Kreativität töten – sie töten das kleine Pflänzchen, das gerade angefangen hat, sich in Richtung Licht zu strecken. Deshalb musst du mit Worten behutsam umgehen.

37. Schreibimpuls:

Die Macht eines kleinen Wortes

(für eine Gruppe)

Wählt ungefähr fünf kurze Wörter aus.
Beispiele: Ja – nein – schau – dort – zu – du – da – wo – warum
Einigt euch auf eines der Wörter, und sprecht dieses eine Wort nacheinander aus. Jeder kann es laut oder leise sagen, schreien oder auch nur hauchen. Fühlt dem Wort nach! Fühlt und hört die Lautstärke, den Klang. Seid nachher ganz still, und lasst das Wort »wirken«. Dann benutzt eines der anderen Wörter auf die gleiche Weise.
Jetzt schreibt jeder einen Text mit der Überschrift »Die Macht eines einzigen Wortes«.

Beim kreativen Schreiben
geht es um den Weg,
nicht um das Ziel.

Nach einigen Tagen des Schreibens mit vielen Übungen sagte Ute ganz plötzlich: »Das ist mir alles viel zu einfach! Diese blöden Übungen, Kinderkram! Ich bin doch nicht in der Schule, und außerdem, was ich da von euch zu hören bekomme, ist überhaupt nichts Besonderes.«

Erst kommt die Zeugung, dann die Schwangerschaft und am Schluss die Geburt! Du entwickelst durch eine Idee eine neue Geschichte, und später siehst du, was daraus geworden ist. Schreiben geschieht aus Liebe zum Wort! Du musst immer mit dem ersten Schritt anfangen, mit dem ersten Wort, mit einem einzelnen Satz. Schreiben ist nichts anderes als Wörter aneinanderzufügen und sich davon überraschen zu lassen, was geschieht!

Sollte dein Schreiben wirklich nur Nonsens sein, dann hast du wenigstens geübt. Du lernst das Schreiben nur, indem du schreibst. Also fange einfach an, auch wenn dein Text zunächst anscheinend nichts aussagt. Auch wenn du bereits jahrelang schreibst, musst du dir einmal Zeit dafür nehmen, ein bisschen Unfug aufs Papier zu bringen. Das erleichtert ungemein und lässt das Kind in dir wieder zum Vorschein kommen.

38. Schreibimpuls:

Zur Erleichterung

Schreibe nach dem Betrachten des Bildes einen Fünf-Minuten-Text. Wenn du dadurch den Anfang für eine Geschichte findest, umso besser. Wenn nicht, war das immerhin eine Übung, die deine Fantasie angeregt hat.

Das »innere Kind« vieler Menschen hat sich im Laufe der Jahre zurückgezogen und vegetiert in einem verborgenen Winkel dahin. Es durfte nicht mehr spielen, nicht laut singen und überhaupt nicht tanzen. Man hat ihm die Freude genommen, das Leben wurde zu schwer. Es konnte nicht mehr mit ansehen, dass die erwachsene Person nur noch Nachrichten geguckt

hat, statt sich mit ihren wahren Bedürfnissen auseinander-
zusetzen.

Jeder hat so ein kleines Kind im Verborgenen. Dort, wo deine Ideen Gestalt annehmen können, ist der Platz, an dem
du dir dein eigenes Reich erschaffen kannst. Nur Kinder
können ins Himmelreich kommen. Denke daran, wenn du
schreibst. Doch »kindlich« zu sein, bedeutet nicht, »kindisch« zu sein.

Vielleicht meinst du, dass es schon zu spät ist, um das Kind
in dir wieder zum Leben zu erwecken, weil du inzwischen
alt geworden bist? Vielleicht meinst du auch, in eine Famili-
ensituation eingebunden zu sein, aus der es kein Entrinnen
gibt? Vielleicht bist du festgefahren in deinen Meinungen
und weißt nicht, wie du diese Fesseln lösen kannst?

Genau hier beginnt und hilft das Schreiben! Schreibe genau
diese Gefühle auf! Vertraue dem Drang nach Veränderung in
dir. Wir alle haben eine Quelle in uns, von der wir kommen
und zu der wir einmal zurückgehen werden. Jetzt, immer nur
jetzt, können wir etwas verändern!

Nicht morgen, nicht nächstes Jahr
und nicht, wenn du in Rente gehst.

39. Schreibimpuls:

Woher — wohin

Betrachte das Bild, und schreibe eine
Geschichte, nachdem du dir folgende Fragen gestellt hast: Wo hat der
schwarze Vogel den Schlüssel gestoh-
len? Oder hat er ihn gefunden? Wohin
fliegt er damit? Ist es ein Schlüssel aus

echtem Gold? Wer kann ihn gebrauchen? Wer vermisst ihn? Und wer ist der schwarze Vogel überhaupt?

Wenn du genügend Fragen zusammen hast, kannst du dir die Antworten überlegen oder erschreiben. Vielleicht bleibst du auch bei einer einzigen Frage hängen. Fange an!

In Geschichten haben wir die Macht, unseren Helden und seinen Gegner zu »erschaffen«, wie es uns beliebt. Dieser »schöpferische Prozess« ist ein Akt des Göttlichen in uns. Gott sprach, es werde, und es ward.

Beim kreativen Schreiben müssen wir unser angeborenes Potenzial anwenden. Auch wenn du es nicht sehen oder spüren kannst – es ist da.

Der Schreibende entwickelt einen Text aus einem Sonnenaufgang, aus einem Apfelkern und aus dem Geruch eines frisch gebackenen Brotes. Alles kann als ein Einstieg zum kreativen Schreiben verwendet werden.

Jede Handlung eines Menschen
beginnt in seiner Fantasie.

40. Schreibimpuls:

Wieder Kind sein

Erfinde eine Geschichte von einem kleinen Jungen oder Mädchen. Gib dem Kind einen Namen. Schreibe von seinen Enttäuschungen, von mächtigen Lehrern, von guten Helfern, von Freunden oder von einem wundervollen Erlebnis mit einem Tier. Schreibe in einer kindlichen Sprache. Wenn du Lust hast, kannst du nachher den gleichen Text in eine etwas kompliziertere Sprache »übersetzen«.

»Wer entscheidet denn, was ein guter Text ist?«, fragte Ina in die Runde.

Nur du kannst sagen, ob dir ein Buch gefällt, das du gelesen hast. Allerdings solltest du dein Gefühl auch begründen können. Du wirst auf dem Weg des Schreibens ein Gespür dafür entwickeln, ob ein Text gelungen ist. Es stellt sich automatisch ein – dann, wenn du allmählich deine dunklen Gestalten ans Licht gebracht und dich schreibend mit ihnen ausgesöhnt hast.

Einer der wichtigsten Schritte beim Schreiben ist die Akzeptanz deiner eigenen Worte, deiner eigenen Sprache. Du musst dich weder kleiner noch größer machen, als du bist, und du musst auch keinen anderen Schriftsteller nachahmen. Du hast mit dem Schreiben begonnen, weil du es willst. Du musst es tun, weil etwas gesagt werden will. Du hast dieses Buch gekauft, und nun erlaube es dir! Sage dir: Ich schreibe, weil es mir hilft, meinen Weg schreibend zu erkunden und zu gehen!

Vergleiche dich nicht dauernd mit anderen, aber lerne von allen.

Du kannst deinen Schreibstil weiterentwickeln, indem du gute Literatur liest. Bewahre dir aber immer deinen eigenen Sprachstil. Du musst nichts nachmachen, bleibe dir treu.

8. Kapitel

Es gibt nicht den einen Stil,
der einen Text lesenswert macht.
Es gibt nicht das eine Buch,
das alle Rätsel löst.
Es gibt nicht die eine Wahrheit,
der man folgen muss.
Du kannst nur einen Schritt
nach dem anderen tun.
Schreibe Wort für Wort,
Satz für Satz
mit großer Geduld und Hingabe.

Die Sprache – Dialoge

In der Nacht wartete ich gespannt auf ihren Besuch. Heute würde ich sie nach ihrem Namen fragen. Noch immer hatte ich den anderen nichts davon erzählt, und vielleicht würde es auch weiterhin mein Geheimnis bleiben. Während ich so vor mich hin grübelte, hörte ich ihre Stimme ganz deutlich.

»Steh auf, und komm mit mir.«

Wie im Traum erhob ich mich und ging nach draußen. Ihr Kleid flatterte im Nachtwind.

»Was hast du mit mir vor?«, fragte ich leise.

»Es gibt einen Platz, an dem es dir gutgeht. Dorthin will ich dich führen. Jeder Mensch hat ein Recht darauf, glücklich zu sein.«

»Aber warum muss ich dann an diesem verdammten Ort sein, wo es keine Hoffnung gibt. Du weißt genau, dass wir uns gerade so mithilfe unserer Fantasie am Leben halten, wir visualisieren uns in eine bessere Welt hinein, wir imaginieren sie, und jeder weiß gleichzeitig, dass das alles nicht die Wirklichkeit ist.«

»Weißt du denn, was die Wirklichkeit ist?«

Mit gütigen Augen sah sie mich an. Ich spürte ihre Liebe wie warme Sonnenstrahlen. Das Eis in mir begann zu tauen.

»Ich kenne die Wirklichkeit nicht, nein. Manchmal bewege ich mich fragend auf mehreren Ebenen …«, stammelte ich. »So oft stehe ich hilflos da. Nein, ich weiß nicht, was und wo die Wirklichkeit ist.«

»Du machst dir zu viele Gedanken. Weißt du überhaupt, was Vertrauen bedeutet?«

»Jetzt vertraue ich. Jetzt, weil du bei mir bist.«

»Das ist gut so. Mehr musst du nicht tun.«

»Aber wie heißt du, wer bist du eigentlich?«

»Klio! Ich bin Klio.«

Sie hauchte die Worte nur.

Klio, war das nicht eine der neun Musen, die Tochter des Zeus aus der griechischen Mythologie? Die Muse der Dichtung und der Geschichten?

Mein Herz jubelte.

41. Schreibimpuls:

Flugaugen

Betrachte das Bild eine Minute lang, und schreibe zunächst einen Zehn-Minuten-Text aus der Sicht dieses schwarzen Ungetüms. Eine Geschichte aus einer »ungewöhnlichen« Perspektive. Wenn dir dabei die Muse begegnet, kannst du weiterschreiben.

Jeder baut sich zuerst ein Luftschloss,
bevor er auf der Erde baut.

Am Morgen hockten wir einzeln und schweigend jeder in seiner Ecke, und brüteten vor uns hin. Keiner von uns hatte richtig geschlafen, doch jetzt wollte ich die anderen zum Sprechen ermuntern.

»Schreiben und Sprechen liegen ziemlich nah beieinander«, sagte ich, »deshalb wollen wir heute etwas über Dialoge lernen und schreiben.«

»Das hab ich noch nie gemacht, und es interessiert mich auch nicht sonderlich«, murrte Annelie und wippte mit dem Fuß. »Übrigens finde ich schon die ganze Zeit alles furchtbar anstrengend, wir sind doch nicht hier, um zu lernen, und außerdem will ich nie ein Buch veröffentlichen.«

»Musst du ja auch nicht«, erwiderte Matthias bissig. »Hier gibt es schließlich auch keine Druckerei.«

»Ein Verlag würde unsere Sachen nicht einmal anschauen«, warf Dorothea ein. »Alles wandert gleich in den Papierkorb.«

»Das ist bereits ein Dialog«, meinte ich. »Jemand spricht, und der andere gibt darauf eine Antwort.«

»Schreibe doch einfach so, wie dir der Schnabel gewachsen ist.«

Jetzt warf Ute einen bissigen Blick in die Runde. »So lasse ich nicht mit mir reden, ich habe einen Mund und keinen Schnabel.« Plötzlich stand sie breitbeinig vor uns, die Hände in die Hüften gestemmt.

Matthias giftete sie an: »Du bist mal kleinlich heute, alles ist Schnabel. Hauptsache, man redet.«

»Nein, man schreibt.«

»Und was ist nun ein Dialog?«

Mir wurde das kindische Gerede fast zu bunt. Aber ich wollte die Beherrschung nicht auch noch verlieren und sagte deshalb: »Das, was jetzt gerade stattfindet. Ob wir reden oder den Dialog aufschreiben, ist dasselbe.«

»Und was ist mit einem richtigen Dialog?«, fragte Ilse.

»Das Geschwätz geht mir auf den Wecker! Hin und her, wie ein Ballspiel. Pingpong.« Jetzt war Matthias in Fahrt.

»Ich will aber schreiben und nicht Ball spielen«, gab Dorothea zurück.

»Dann schreib darüber, was wir gerade geredet haben, dann hast du endlich deinen Dialog.«

Ich sagte: »Klar, aber er muss auch stimmig sein.«

»Was ist schon stimmig, ich bin doch kein Musiker.« Matthias war nun auch aufgestanden und sprach weiter: »Das nervt mich gewaltig. Lasst mich jetzt in Ruhe, und stellt diese blöden Fragen anderen Leuten.«

Dorothea erwiderte trocken: »Sind aber keine da.«

»Na gut, dann schreibe ich jetzt an meinem Text weiter, ohne Dialog.« Jetzt hatte sich auch Annelie zu Wort gemeldet.

»Na bitte. Da siehst du, es geht doch. Du musst dich nur ein bisschen anstrengen«, meinte Matthias versöhnlich.

Durch diese Unterhaltung hatten wir wenigstens unsere Sprache wiedergefunden. Lange Zeit noch diskutierten wir, und alle redeten durcheinander. Doch ich meine, man braucht beim Dialog auch einen, der zuhört ...

Der knallrote Vogel sang sein Lied so laut, dass wir nichts anderes mehr tun konnten als zuzuhören. Nie hatte ich so etwas Herrliches gehört. Matthias sagte, das Vogellied sei stimmig, und suchte den Sänger. Dann begannen wir wieder zu lachen.

42. Schreibimpuls:

Gespräche

Schreibe das Gespräch auf, das die vier Figuren auf dem Bild miteinander führen. Wer »leitet« das Gespräch? Worum geht es? Was ist das Grundthema? Ist es ein Streitgespräch, ein Wettkampf?
Diese Fragen kannst du dir auch nach dem Schreiben stellen, damit du durch zu viele Überlegungen nicht ins Stocken gerätst.

Da ist jemand oder etwas,
was uns zuhört,
und wenn es nur
ein Bogen weißes Papier ist.

Ein Dialog macht deine Geschichte lebendig, doch die Unterhaltung sollte nie künstlich wirken. Nimm das reale Leben zum Vorbild. Beobachte, was und wie die Leute miteinander reden; achte auf ihre Mimik, ihre Gesten, und höre ihrer Unterhaltung zu. Das kannst du fast überall tun, sogar in der Warteschlange vor der Kasse im Supermarkt. Auch während du auf den Kellner im Restaurant wartest, kannst du lauschen, wie und was die Nachbarn am Nebentisch miteinander reden. Schreibe dir interessante Gespräche auf. Auch wenn dir vieles davon als langweiliges Geschwätz erscheint, kannst du sicher etwas Spannendes daraus entwickeln.

43. Schreibimpuls:

Dialoge

Wie heißen die Menschen auf den Bildern? Wie alt sind sie? Was machen sie beruflich? Überlege dir ein Konfliktthema. Worüber reden sie miteinander? Schreibe einen Text, der ausschließlich aus Dialogen besteht.

Das dient nur der Übung, denn ein ansprechender Text sollte nicht nur aus Dialogen bestehen!

 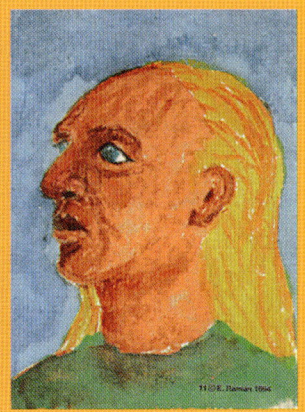

Beobachte Menschen in deiner Umgebung, und hinterfrage dabei, warum sie dieses oder jenes sagen und tun. Sammle Bilder von Menschen. Schneide dir verschiedene Personen aus den Katalogen aus, die später sowieso im Papierkorb landen. Gib den Figuren einen passenden Namen, und schreibe eine kleine Biografie über eine Person, die dir gefällt. Dann eine weitere Biografie über eine Person, die du unsympathisch findest. Diese beiden Menschen begegnen sich in deiner Geschichte.

Was tun sie, was ist ihnen wichtig, welche Ziele verfolgen sie? Bekämpfen sie sich mit Worten, mit Gebärden und Mimik? Du kannst dir auch Gedanken darüber machen, warum sie sich nicht mögen. Ist das nur eine Laune, oder gibt es für das gegenseitige Unbehagen einen wichtigen Grund? Vielleicht gibt es ein Ereignis, das die beiden früher einmal auseinandergebracht hat – dann hast du viel Stoff für eine spannende Geschichte. Jeder Roman lebt von Begegnungen konträrer Personen. Wähle ein Thema, das jeder der beiden von einem anderen Standpunkt aus betrachtet – und diesen natürlich auch verteidigt.

Überarbeitung
kommt immer hinterher.

Ideensammlung – Beobachten von Menschen

Schaue dir immer wieder Menschen an, die dir auf deinen Wegen begegnen. Beim Einkaufen, auf dem Weg zur Arbeit, im Bus oder in der Straßenbahn, an der roten Ampel, im Kino. Betrachte auch Fotos von dir fremden Menschen, und erfinde Namen für sie.
Alle sind unterschiedlich, und jeder ist einmalig. Aber woran erkennst du das Außergewöhnliche? An der Kleidung, am Verhalten, im Gesicht, an der Gangart?

Beim Schreiben von Dialogen sollte das Gespräch vorangetrieben werden. Wenn die beiden auf der Stelle treten, entsteht nichtssagendes Geschwätz, und es wird langweilig für den Leser, wenn keine Handlung stattfindet.

44. Schreibimpuls:

Dialog mit vorgegebenen Wörtern

Schreibe einen Dialog darüber, wie sich die beiden Personen auf dem Bild oben unterhalten. Verwende dazu die angegebenen Wörter.

Der Besuch der Sprache (Text einer Teilnehmerin):

*A*ch«, sagte die Sprache neulich in Stuttgart, »da bin ich wieder.«

»Wie bitte?«, stöhnten wir.

»Ja, ja, da bin ich wieder«, sagte sie. »Und wo ist die eure?«

Wir waren sprachlos und stammelten, dass es uns in Zeiten zunehmender Verblödung zunehmend die Sprache verschlagen würde.

»Wie meint ihr das?«, fragte sie ein bisschen verwirrt.

»Na ja, du weißt schon, das Fänsähn, das Internest, die Handles, das Nichts-lesen-Wollen, das Nichts-richtig-verstehen-Wollen.«

»Was, so schlimm ist's geworden?« Es klang, als spräche sie zu uns aus einer anderen Zeit.

»Ja, ja, wir machen alles schnellschnell, damit wir mehr Zeit haben für unsere Freizeit.«

Da legte sie los: »Ihr seid doch bekloppt. Ihr solltet euch auf eure Sprache besinnen und miteinander reden, einander zuhören, das aufschreiben, was euch plagt, was euch gefallen hat, das, was ihr am liebsten habt. Ihr könnt euch selbst helfen. Ach, und noch etwas, schwimmt nicht immer mit im Mahlstrom der Beliebigkeiten des Konsums, glaubt nicht den plumpen, manchmal verführerischen Versprechen der Werbefritzen. Seid einfach wieder ihr selbst. Wie die Kinder sein zu können, heißt nicht, kindisch zu sein.«

»Danke, gute alte Sprache«, murmelten wir kleinlaut und versprachen, nochmals mit uns zu sprechen. Sie hatte recht. Uns ist Sprache gegeben. Das können wir uns schriftlich geben.

»Sprache ist etwas Eigenartiges«, meinte Matthias und verschwand hinter einem der verstaubten Ledersitze, die am Waldrand herumlagen. Einen davon hatte er zu seinem Lieblingsschreibplatz erkoren. Ich konnte verstehen, dass er seine Ruhe haben wollte.

45. Schreibimpuls:

Unterhaltungen

1. Übung:

Du begegnest einer Person auf einer Bahnfahrt, und während ihr einander gelangweilt gegenübersitzt, beginnt einer zu erzählen. Was ist das erste Wort, was das Thema, und wo führt euch das Gespräch hin?

2. Übung

Stelle dir vor, dass du einem Menschen begegnest, den du lange nicht gesehen hast. Vielleicht habt ihr euch damals gestritten, oder eine dritte Person ist störend zwischen euch getreten, oder einer von euch wurde in eine andere Stadt versetzt, oder deine Mutter hat dir den Umgang mit dieser Person verboten.

Schreibe einen Dialog, in dem ihr euch nach langer Zeit zum ersten Mal wieder begegnet. In dem Dialog solltest du nicht weit vom Thema abschweifen.

Du kannst die Übung so gestalten, dass das Gespräch nur eine Minute lang dauert. Versuche dabei, nur das Allerwichtigste in den Dialog einzubauen.

Du kannst mitten im Geschehen beginnen. Nicht jeder muss wissen, was alles vorher geschehen ist, doch du als Schreibender solltest die Hindergründe kennen. Ein Text wirkt unklar, wenn selbst der Autor das Geheimnis nicht kennt, das die Figuren miteinander verbindet.

9. Kapitel

Das Streben nach Perfektion
verursacht die größten Schreibhemmungen.

Blockaden

Die Begegnungen mit Klio inspirierten und ermutigten mich, erfüllten meine dunklen Nächte mit Hoffnung und brachten mir mehr Klarheit. Ich nahm diese Treffen nicht als eine Selbstverständlichkeit hin, hoffte ständig auf ihr erneutes Erscheinen. Doch ich konnte nichts tun, um sie herbeizurufen, und war, wenn sie zu mir kam, unendlich dankbar und glücklich.

Manchmal verwandelten sich ihre Gesichtszüge von einem Augenblick zum anderen: Ich blickte in ihr kreisrundes Antlitz. Es war anmutig, und Klio hatte wissende Augen, die mich wie in einen tiefen See blicken ließen. Doch manchmal wölbte sich inmitten ihrer hohen Stirn noch ein zweites, etwas kleineres Gesicht hervor, das mich freundlich anlächelte. Oft verschwamm es in einem Dunst, und ich musste genauer hinschauen, um etwas zu erkennen. Dann wieder meinte ich, ein kleines Kind zu erblicken. Das Kind war ich, unschuldig und rein. Doch immer konnte ich sie alles fragen, und ihre Antworten kamen in Form von Gedanken, unzweideutig und glasklar.

»Warum, Klio, müssen wir hier unsere Zeit verbringen? Was soll das Ganze, wir warten immer nur auf Godot, und niemand kommt. Was sollen wir denn tun?«

»Geduld, mein Kind, du musst warten können«, flüsterte sie beschwichtigend, »es ist noch nicht an der Zeit. Benutzt die Insel, macht eure Ausflüge, und nehmt mit allen Sinnen auf, was ihr seht und erlebt. Und nie vergessen: Schreiben! Schreiben ist das Wichtigste in dieser Situation.«

Jeder konnte sehen, dass Annelie der Verzweiflung nahe war. Das ließ auch die Stimmung der anderen auf einen Tiefpunkt sinken. Wir litten, froren und dachten an zu Hause – und daran, dass wir kaum eine Chance hatten, jemals wieder dorthin zu kommen. Doch ich konnte einfach nicht glauben, dass wir eines Tages in dieser Einöde sterben würden, auch wenn wir immer wieder darüber sprachen.

Wir philosophierten stundenlang über Gott und die Welt. Gab es ein unveränderliches Schicksal, dem keiner entrinnen konnte? Waren wir alle willenlose Marionetten in einem sich ewig ausdehnenden Universum? Oder war dort oben irgend-wo ein liebendes Wesen, das unser Bestes wollte?

»Eines aber weiß ich«, begann ich am Morgen die Diskussi-on, »wir dürfen nicht aufgeben. Wenn es keine Hoffnung auf Hilfe oder einen guten Geist gibt, der unser Bestes will, dann ist es immer noch besser, wenn wir mutig in den Tod gehen, als trauernd dahinzusiechen und zu jammern. Kommt, wir wollen uns auf unseren Weg durch den Dschungel machen. Was auch immer uns heute begegnen wird, wir werden Ge-schichten finden, traurige vielleicht, vielleicht aber auch klei-ne, verheißungsvolle Zeichen, winzige Perlen am Weg, die wir einsammeln wollen.«

Fast widerwillig kamen die anderen mit mir in Richtung Nor-den – in eine Gegend, die wir bis jetzt gemieden hatten. Je-der trug eine Tasche oder einen Rucksack, worin sich sein Schreibzeug und sein Tagebuch befanden.

»Wenn wir nicht mehr zurückkommen, wird man vielleicht

eines Tages unsere Schriften finden.« Aha, das war wieder Annelie.

Doch Matthias meinte: »Die werden staunen, was wir da alles erlebt und aufgeschrieben haben. Vielleicht wird ein Buch daraus.«

»Auch wenn wir bei der Veröffentlichung nicht mehr dabei sein werden«, wandte Dorothea ein. Ihre Stimme klang schroff. Ich konnte hören, wie sie leise weinte.

»Tja, so ist das Leben! Unsere Knochen werden eines Tages im gleißenden Sonnenlicht dahinbleichen.« Dieses Gerede brachte mich nun doch in Rage, denn ich wusste, dass solche Gedanken ansteckend sind. Deshalb sagte ich ziemlich laut: »Hört jetzt auf damit!«

Damit war das Thema für heute erledigt.

Eine Tagesreise sollte es werden, abends wollten wir zurückkommen. »Finden wir denn zurück?« Fünf ängstliche Augenpaare waren auf mich gerichtet. Ich hatte zwar einen guten Orientierungssinn, doch in Gedanken streute ich Brotkrumen aus – wie Hänsel und Gretel. Die Brotkrumen bestanden aus Worten, die ich an jeder Wegbiegung vor mich hin sprach. Dabei wählte ich Worte der Hoffnung in alphabetischer Reihenfolge und legte sie in inneren Bildern an jede Wegkreuzung. Beweisen konnte ich es nicht, aber ich hatte das Gefühl, dass uns ein Schutzengel begleitete. Kaum ein Geräusch drang an unsere Ohren, nur ab und zu hörten wir diese großen, roten Vögel. Sie sangen eine wohlklingende Melodie mit langen Pausen dazwischen. Dann wieder meinte ich, einen ganz bestimmten Ruf zu hören. Es klang wie »Mach weiter – mach weiter, es lohnt sich – es lohnt sich, gib nie auf – gib nie auf.« Nach einer Weile summte ich leise vor mich hin: »Ja, ich weiß es – ja, ich weiß es.«

»Wir werden am Ende eine gute Geschichte geschrieben haben«, sagte ich dann laut. Und aus den Baumwipfeln tönte ein Echo zu uns herunter: »Klar doch – klar doch.«

Zu oft hängen wir fest, sowohl im wirklichen Leben als auch beim Schreiben. Meintest du nicht einmal: »Jetzt habe ich den Zugang zum Schreiben gefunden, und nun geht alles nur noch aufwärts und vorwärts. Die Ideen fliegen mir immer nur so zu.«? Du hattest eine gute Zeit und warst glücklich darüber. Du hast ein Projekt begonnen, und es machte dir Freude, daran zu arbeiten.

Doch eines Tages stellte sich eine gewisse Müdigkeit ein, und diese entwickelte sich allmählich zu Lustlosigkeit. Manchmal schleicht sich seitdem dieses Gefühl still und leise an, nistet sich ein wie ein ungebetener Gast, ohne dass du es richtig bemerkt hättest, wann der Abstieg begonnen hat. Manchmal fängt es damit an, dass du dich unverstanden fühlst. Jemand hat dich verletzt, oder dein Text ist bei den anderen nicht so angekommen, wie du es dir vorgestellt hattest. Du hast ihr Stirnrunzeln genau gesehen, obwohl du der Überzeugung warst, das, was du da geschrieben hast, sei gut. Der Text war ja geflossen, er kam von ganz tief drinnen. Dann bist du wirklich überrascht, wenn deine beste Freundin sagt, dass sie deinen Text nicht versteht, oder sie ungefragt jeden guten Satz kritisiert, für den du deine Hand ins Feuer gelegt hättest. Oder du hast deinen Text der Öffentlichkeit preisgegeben, ihn irgendwo eingesandt, bei einem Wettbewerb mitgemacht, und du bekommst entweder gar keine Antwort, oder sie ist negativ. Jetzt hängst du fest, deine Welt ist eingestürzt. Weil du dich unverstanden fühlst, verteidigst du deinen Text bis aufs Blut. Dann geht dein Gegenüber auf Konfrontationskurs und zählt alle deine Fehler auf, ganz direkt und ohne Umschweife. Das schmerzt.

Manchmal tut uns das jemand an, der nicht einmal selbst schreibt, jemand, der nicht weiß, wie viel du bereits an deinem Text gearbeitet hast. Nun bist du am Nullpunkt angekommen und beschließt: »Ich schreibe nie wieder.«

Eine meiner Freundinnen schrieb drei Monate lang an einer Sache, fast Tag und Nacht. Ich konnte sie nicht einmal am Telefon erreichen, denn sie war besessen von ihrer so brillanten Idee. Sie war felsenfest davon überzeugt, dass jeder Verlag ihr Manuskript nehmen würde. Doch das geschah einfach nicht. Sie hakte bei Freunden nach, und die sagten ihr, der Text sei zu persönlich, und gaben ihr dann auch noch gute Ratschläge. Doch die waren nichts als Schläge, und meine Freundin war am Boden zerstört. Sie legte ihr Werk in eine Schublade und schaute es lange Zeit nicht mehr an.

Kopfunter hängend sehe ich alles anders
Sheldon B. Kopp[18]

Du glaubst, dass es keine Weiterentwicklung gibt, und deine Leidensgeschichte geht weiter. Du hältst an deinen Vorstellungen fest und bist blockiert. Du kommst nicht weiter und drehst dich im Kreis. Du weißt nicht, wie du wieder festen Boden unter die Füße bekommst. Da du keinen Ausweg siehst, bleibst du in dieser Situation stecken und wartest darauf, dass dich jemand befreit. So wird das Warten zur Selbstquälerei.

---

18   Kopp, Sheldon B.: *Kopfunter hängend sehe ich alles anders. Psychotherapie und die Kräfte des Dunkels.* Köln: Diederichs, 1986

Aufgehängt

Betrachte das Bild des Gehängten. Um seinen Kopf siehst du einen Kranz aus Gedankenketten, nichts als unlösbare Fragen. Kannst du dich mit der Person identifizieren? Der einfachste Weg, dem Gehängten eine andere Sicht zu verschaffen, ist es, das Bild umzudrehen. Dann ist der Kopf von einem Strahlenkranz umgeben, und du erkennst, dass alles auch eine andere Seite hat.

»Ich hänge fest an meiner Arbeit, an meiner Ansicht, an meiner Idee. Vielleicht bilde ich mir auch ein, dass ich ein Opfer bin. Meine Leistungen werden nicht oder nicht genügend anerkannt.«

DER GEHÄNGTE

Schreibe ohne Punkt und Komma über das Hängen oder was immer dir dazu einfällt.

Warum nur stecke ich gerade jetzt in dieser Situation fest ich hatte gedacht alles in meiner Welt voller Energie würde mich auf den Gipfel des Erfolgs führen doch das Gegenteil ist eingetroffen plötzlich stagniert alles ich fühle mich wie versteinert und nichts lässt sich mehr bewegen …

Auf der Suche nach einer kreativen Lösung solltest du das Bild (das Problem) umdrehen und alles von einer anderen Warte aus betrachten. Wenn du das ehrlich und aufrichtig tust, entdeckst du Zusammenhänge, die dir vorher verborgen geblieben sind.

Wir alle kennen das Gefühl,
zuweilen festgenagelt zu sein
und nur darauf hoffen zu können,
ein Engel komme und erlöse uns.

Die Vorstellung vom Gehängten finden wir in archaischer Form im Mythos von Wotan, auch als Odin bekannt. Er ist der ewige Wanderer, der Gott der Impulsivität und der dichterischen Inspiration. Wotan bedeutet Stimme, Gesang, Leidenschaft und Dichtung.

Als Opfer für die Menschen hing er neun Tage und neun Nächte lang am Weltenbaum. So ersann er die Schriftrunen, und es entstand eine Kultur des geschriebenen Wortes.

47. Schreibimpuls:

Zwiespältig

Betrachte dieses Bild, und schreibe einen Text, der dir dazu einfällt. Macht das Tier dir Angst, oder tröstet es dich? Du kannst jeden Impuls für eine Geschichte verwenden. Vielleicht lautet die Überschrift: »Soll ich, soll ich nicht?«

Jeder hängt mal fest,
hängt hilflos
zwischen Himmel und Erde.

Manche Situationen scheinen dich erdrücken zu wollen. Du spürst, dass du nicht mehr richtig vorankommst, fühlst dich machtlos und dem Schicksal ausgeliefert. Du steckst in der Klemme. Das sind die Blockaden, die dich lähmen und manchmal zum Aufgeben drängen. Du kannst deine Einschränkung durch ein Bild beschreiben, das du vor deinem inneren Auge malst. Vielleicht ist es ein dunkler Wald, ein Raum hinter Gittern, vielleicht eine leblose Wüstengegend oder ein verschlossener Turm, in dem du gefangen liegst. Wenn du das Bild »gefunden« hast, dann gehe mutig in diesen Raum hinein. Erkunde schreibend, was sich darin befindet und wer dir zu Hilfe kommen könnte. Jede Situation ändert sich im Laufe der Zeit. Dieses Wissen bringt dir die Lösung – und wenn du sie zunächst nur in einer Geschichte aufschreibst.

Metaphern

In vielen Texten finden wir Metaphern (griechisch für »Übertragung«). Sie verhelfen uns zum Ausdruck einer neuen Wirklichkeit jenseits der alltäglichen Realität. Eine Metapher ist die Verknüpfung eines Bildes mit etwas äußerlich ganz anderem, die Verwendung eines Wortes in seiner übertragenen Bedeutung. Metaphern werden immer dann gebraucht, wenn man etwas veranschaulichen möchte. So wird etwa ein ablehnendes Schweigen mit der Metapher »Mauer des Schweigens« beschrieben. Auch der bekannte Begriff »Rabeneltern« soll ja keinesfalls ausdrücken, dass diese Vögel sind. Manchmal nimmt man eine Metapher auch, wenn für eine bestimmte Sache kein eigenes Wort existiert.

Die Sprache wird reicher durch das »Erfinden« solcher Verbindungen. »Am Fuß eines Berges« oder »der Flussarm« sind im Grunde genommen Metaphern. Die Sprache springt dabei von einem Vorstellungsbereich in einen anderen. In der Alltagssprache verwenden wir häufig Metaphern, ohne uns dessen bewusst zu sein. »Schreiende Farben« oder eine »faule Ausrede« sind solche Verbindungen, die gar keinen Sinn ergeben, wenn man sie wörtlich nimmt. Metaphorische Verknüpfungen erzeugen Spannung und Lebendigkeit und enthüllen uns gleichzeitig Zusammenhänge, die wir vorher nicht gesehen haben.

Um Metaphern zu finden, kannst du dich in ein kindliches Stadium hineindenken. Ein Kind verfügt noch nicht über genügend Ausdrücke und behilft sich deshalb manchmal mit metaphorischen Formulierungen.

48. Schreibimpuls:

Metapher

Sicher kennst du das Gefühl, etwas sagen zu wollen und nicht zu wissen, wie du es ausdrücken sollst. Mit einer Metapher kannst du den Kern der Aussage treffen, die du machen willst, ohne umständliches Erklären. Zum Beispiel kannst du sagen »Ich bin ein Arbeitstier«, und der andere weiß gleich, was du meinst. Ihm ist klar, dass du kein Tier bist!

Schreibe Sätze aus »Bildern«, die du vor Augen hast, über jemanden oder etwas, der oder das deine Emotionen in Wallung bringt. Etwas ist ungewöhnlich, ärgert dich oder gefällt dir. Du willst es jemandem erklären, der das Bild nicht sieht, deshalb verbindest du es mit einem Adjektiv oder mit einem anderen Bild, verwandelst es in eine Metapher. Je ungewöhnlicher, desto interessanter wird das Sinnbild. (Natürlich sollte auch das Ungewöhnliche immer noch nachvollziehbar sein.)

Hilfestellung
Du kannst zum Beispiel einige der folgenden Wörter als Metaphern verwenden:
hässlich – Regentonne – traurig – Schirm – ein alter Mann – Leben – herrlich – verworren – Schreiben – Brei – Brille

Du kannst spielerisch jedes Wort mit einem anderen Bild verknüpfen. Ein neuer Zusammenhang tut sich auf, ein neues Bild entsteht – eine Metapher.
Nun denke dir »Bilder« aus, und schreibe einzelne Sätze dazu auf. Später kannst du daraus eine Geschichte entwickeln.

Manchmal ist deine Unschlüssigkeit das eigentliche Problem. Du fragst dich die ganze Zeit: »Soll ich dahin oder dorthin gehen? Soll ich Ja oder Nein sagen?« So bleibst du in deiner Lähmung gefangen, und der innere Zwiespalt macht dich völlig handlungsunfähig. Hier ist es wichtig, *dass* du dich entscheidest, und nicht, *wie*. Denn jeder Weg führt dich auf den Berggipfel. Einer davon ist vielleicht beschwerlicher. Aber was soll's?

Nach einer etwa drei Stunden langen Wanderung traten wir aus dem Wald und standen verblüfft vor einer hohen Wand. Sie bestand aus großen Quadern, war verwittert und anscheinend uralt, aber noch völlig intakt. Staunend gingen wir an der Mauer entlang.

»Die hat jemand vor langer, langer Zeit gebaut.« Dorothea stand prüfend davor und berührte die Pflanzen, die darauf wuchsen. Sie sprach weiter vor sich hin: »Wer hat das gemacht? Was für Menschen? Sie müssen etwas davon verstanden haben. Vor tausend Jahren vielleicht. Das ist lange her.«

»Die sind auch schon lange tot«, kommentierte Ilse.

»Aber wo kamen die her, und wo sind sie geblieben?« Dorotheas Worte entfachten die üblichen Diskussionen über das Woher und Wohin.

»Ich denke, dass es darauf keine Antwort gibt. Bereits vor Tausenden von Jahren wollte man das erklären, doch es gab religiös motivierte Kriege statt Antworten.«

Ilse erwiderte schnell: »Aber ich gehe trotzdem in die Kirche.«

»Das ist mir zu hoch«, meldete sich Ute zu Wort.

»Was, die Mauer oder das Frage-Antwort-Spiel?« Ich lächelte und dachte, dass wir uns langsam zu kleinen Philosophen entwickelten. »Sokrates wusste auch, dass er nichts wusste.«

Wir folgten immer noch der Mauer, die jetzt einen Bogen nach links machte. An manchen Stellen war sie einige Meter hoch. Wir kletterten hinauf. Die Mauer war so breit, dass wir zu dritt nebeneinander stehen konnten. Matthias war in seinem Element. Er untersuchte alles, wollte hinter ihr Geheimnis kommen. »Was wohl ihr ursprünglicher Zweck war?«

»Auch Sokrates weiß das nicht.« Dorothea lächelte.

»Schaut, dort vorne ist ein Wasserloch, ein alter Brunnen vielleicht.« Ute hatte ihn mit ihrem Fotografen-Blick entdeckt. Wir stiegen wieder hinunter.

»Das ist nur noch ein schmutziger Tümpel«, sagte ich, »zu nichts zu gebrauchen, aber es muss einmal frisches Wasser gegeben haben. Lasst uns jetzt eine Pause machen. Der Ort ist irgendwie schön.«

»Schön? Ja, er ist mystisch, romantisch und altehrwürdig.«
Dorotheas Stimme war ganz weich geworden.
»Altehrwürdig ist gut. Vielleicht war es ein heiliger Ort. Ein
heiliger Brunnen oder eine heilige Quelle«, antwortete ich.
Ilse holte uns aus unseren romantischen Vorstellungen zu-
rück: »Aber jetzt nicht mehr. Es ist schmutziges Wasser, eine
Kloake, es macht mich trübsinnig.«
»Das bist du sowieso schon«, kommentierte ich trocken.
Wir setzten uns auf einen der Felsen. Ilse hatte etwas ent-
deckt: »Schaut mal her, in der Mitte sind überall runde Kuh-
len. Ob die natürlich entstanden sind?«
»Keine Ahnung, Sokrates lässt grüßen. Ich weiß, dass ich
nichts weiß.«

49. Schreibimpuls:

Mauern

Betrachte das Bild. Gehe in Gedanken viele Jahre zurück, und
schreibe eine (historische) Geschichte. Wer hat diese Mauer er-
baut? Wer wohnte dort? Wie wurde sie zerstört? Wie war es damals? Wenn du dir solche Fragen stellst, kommst du auf Tausende Ideen, wie alles gewesen sein könnte.

Wenn du magst, kannst du
deinen Text auch »Mau-
ern« nennen.

Blockaden schreibend lösen

Egal, worüber du schreiben sollst, wenn es nicht geht, dann schreibe über das, was dich blockiert. Beschreibe möglichst genau den Zustand, in dem du dich in dem Moment befindest. Renne nicht sinnlos gegen den Widerstand an, sondern beobachte ihn, und notiere dir alles.

Durch den Anfang (irgendeinen Anfang) kommst du unweigerlich in den Text hinein. Dann tröpfeln oder fließen die Ideen. Später kannst du eventuell das Gejammer über den missglückten Anfang herausstreichen.

Eine Blockade entsteht an der Stelle, wo sich etwas angestaut hat. Etwas ist nicht mehr in »Bewegung«, kann nicht mehr fließen. Oft sind es verdrängte Gefühle wie Angst oder Schuld, Hass oder Wut. Die Dinge laufen nicht so, wie du es möchtest. Du hast an einem gewissen Punkt zugemacht und bist verspannt. Doch dieses Etwas will sich wieder in Bewegung setzen. Du kannst es schreibend erkunden und die Blockade auflösen.

Gelöstheit ist ein Lächeln
im Angesicht von Schwierigkeiten.

Die Wurzeln der Probleme sind manchmal tief verankerte Einstellungen oder Glaubenssätze, die dich einengen. Wenn du das erkennst, hast du bereits den ersten Schritt getan. Nimm dich liebevoll an – mit all deinen Fehlern. Colin Tipping sagte einmal: Ich bin nicht okay, du bist nicht okay – und das ist okay.

Die Entfaltung eines Textes oder die Metamorphose

»Schaut, da fliegt ein Schmetterling!«
Wir alle staunten. Er war fast so groß wie meine Handfläche und schillerte in allen Farben. Unentwegt flatterte er seine Runden – immer um unsere Köpfe. Ein seltenes Exemplar, ein Falter.
Nun sammelten wir alle Wörter, die uns dazu in den Sinn kamen. Falten, Falter, entfalten, zusammenfalten, auseinanderfalten, die Hände falten …

Die Entfaltung eines Schmetterlings braucht seine Zeit. Dabei werden die ursprünglichen Raupenorgane abgebaut und zu Falterorganen umgebildet. Auch die gesamte äußere Gestalt des Tieres verändert sich dabei. Die Puppen der Schmetterlinge werden auch »Mumienpuppen« genannt. Das erinnert uns an den Tod.
Die Zeiten, in denen du meinst, dass dieser Zustand der Verpuppung bei dir nie aufhören wird, nennt man auch »die dunkle Nacht der Seele«. In dieser Phase wollen wir nicht mehr erfolgreich und stark sein. Wir lassen den Leistungsdruck los, weil wir gar nicht anders können. Vielleicht setzen wir uns irgendwohin und starren Löcher in die Luft.
Manchmal scheint es uns einfach sinnlos zu sein, die Energie in einem ständigen Willensakt von Handlungen zu verschwenden. Lasse diesen Zustand des »Nichthandelns« einfach geschehen, und kämpfe nicht dagegen an. Auch die Puppe im Kokon ist in der Zeit der Metamorphose fast unbeweglich. In diesen Momenten schaltet sich etwas anderes ein, was den Schmetterling hervorbringt: das Leben selbst. So brauchst auch du in diesen Phasen, in denen du antriebs-

los bist, gar nichts zu tun, um eine Wende herbeizuführen. Gehe auf eine Reise nach innen. Nach der Nacht wird heilend das Licht zurückkehren.

Etwas Neues ist entstanden: ein neuer Text, eine Geschichte, eine neue Idee, frischer Mut. Dir sind bunte Flügel gewachsen.

Blockaden sind die eigene Vorstellung davon, wie etwas sein sollte und funktionieren müsste. Manchmal behindern uns allzu große Bescheidenheit oder auch unser Größenwahn. Entweder wollen wir der/die Beste sein, oder wir sind überzeugt davon, nichts zu können. Erfolg entsteht, wenn du mit den Schwankungen in deinem Leben Frieden geschlossen und sie angenommen hast. Dann, wenn du nicht mehr gegen sie ankämpfen musst.

Wenn du mit dem Rhythmus des Lebens im Einklang bist, kann sich das Leben entfalten. Die Lebendigkeit in deinem Schreiben profitiert davon, wenn du dein persönliches Wachstum zulässt, denn Entwicklung geschieht auf allen Ebenen.

Bevor der Schmetterling von Blüte zu Blüte flattert, den süßen Honig genießend, hat er die Stadien »des Gehängten« durchlitten: In Schmetterlingshäusern kannst du die Kokons »hängen« sehen. Sie baumeln dort wie tot nebeneinander, ein Kokon am anderen. Und dann geschieht es, etwas bricht auf, feucht schlüpft Leben heraus.

Es ist ein Wunder der Natur, an dem auch du teilhaben kannst, wenn du dich der Blockade hingibst.

Ein Gespräch mit dem Zwischenstadium

Sei nicht bange, kleine Raupe. Du musst nicht wissen, was mit dir geschieht. Vorn ist hinten, und oben ist unten. Alles ist gleich.

Es ist dunkel. Nur Bedrängnis, Enge, Begrenzung, Gefangenschaft. So ungefähr ist der Tod.

Drinnen ist das große Nichts, das Unfassbare.

Draußen hängt etwas zwischen Himmel und Erde. Am seidenen Faden. Am dürren Ast.

Wehe, wenn der Wind zu stark bläst. Gnade Gott.

Ohne Vergangenheit, ohne Erinnerung, ohne Wissen, nur dieses Zwischendrin. Hängen, schweben. Ziellos.

Das Ziel, kleine Raupe, erreicht dich von selbst, ohne Anstrengung von dir. Du musst nur warten, warten. Dann kommt die Zeit.

Jetzt bist du erstarrt, in Auflösung begriffen.

Nichts ist zu begreifen, nichts zu ergreifen. Ohne Halt aus dir selbst hängst du da.

Die Form deines Körpers ist der Zersetzung ausgeliefert.

Finsternis in der Schale, hart, dicht, undurchdringlich, fest.

Keine Bewegung, kein Durchbruch in Sicht.

Warte nur ab, kleine Raupe. Warte nur.

Verwandlung. Du spürst sie nicht.

50. Schreibimpuls:

Nach dunklen Nächten

Beim Anschauen dieses Bildes kommen dir sicher ein paar wichtige Gedanken über das Thema Metamorphosen in den Sinn. Schreibe drauflos, was dir dazu einfällt.

Später waren wir so froh wie schon lange nicht mehr. Natürlich fanden wir den Weg zurück. Ich erkannte die Worte mit den damit verknüpften Bildern an den Wegbiegungen und steckte sie wieder ein – ich würde sie weiterhin brauchen können. Sie hatten sich an diesem Tag vermehrt.

Vor dem Einschlafen saßen wir lange zusammen und dachten über den Tag nach. Doch zum Schluss betrachteten wir nur noch schweigend unsere Hände – und dann fiel mir noch eine Übung dazu ein.

51. Schreibimpuls:

Hände

Male deine Hand auf ein leeres Papier. Auch die Falten und Risse, die Fingernägel, alles, was du wahrnimmst. Vielleicht denkst du auch an die Hände eines ganz besonderen Menschen, der dir nahesteht. Schreibe eine Geschichte zum Thema »Hände«.

10. Kapitel

*Deine Figuren dürfen
deine Unvollkommenheiten widerspiegeln.
Dadurch entsteht die Richtung
für Veränderung und Entwicklung.*

Charaktere

Ich begann, diese Nächte zu lieben, in denen ich hinauf-schaute, den Sternenhimmel betrachtete und meiner eigenen Wahrheit zuhörte. Mir war, als ob Klio und ich eins wären, als ob sie meine eigene innere Stimme wäre und mit der wortlosen Sprache des Herzens spräche. In dieser unendli-chen Weite und Stille konnte ich sie hören. Autolärm, Ma-schinengetöse und Geschrei waren weit weg. Meine Ohren hatten sich auf feinere Töne eingestimmt.

»Manchmal hören wir zu viele Stimmen, die uns hin und her zerren. Stimmen, die uns nur noch mehr Verwirrung brin-gen«, sagte ich spontan beim Frühstück. Es gab Erdnüsse und Milch aus dem Trockenpulver einer verbeulten Dose.
In den letzten Tagen hatten wir uns besser kennengelernt, und keiner konnte dem anderen mehr etwas vormachen. Die Texte wurden ehrlicher und offener, und das Vertrauen wuchs von Geschichte zu Geschichte. Durch das ständige Zusammensein kamen allerdings auch unsere Eigenarten zum Vorschein. Wir offenbarten einander unsere Verletzun-gen, unsere Ängste und Sorgen. Unsere Geschichten über uns selbst hatten uns zusammengeschweißt. Wir mussten uns nicht mehr verstellen, uns anders oder besser darstellen,

jeder wurde einfach so akzeptiert, wie er war. Das brachte mich auf die Idee, dass wir über die verschiedenen Charaktere von Menschen sprechen und schreiben sollten.

Charaktere
geben dem Text sein Gesicht.

52. Schreibimpuls:

Gegensätzliches

Sammle Gegensatzpaare.
Beispiele:
breit – schmal, Leben – Tod, Sonne – Mond, hoch – tief, Tag – Nacht, Sommer – Winter, alt – jung, lieben – hassen, schwitzen – frieren usw.
Du wirst noch viel mehr finden, denn unsere Welt ist voller Gegensätze. Schreibe eine Liste, wähle zwei Paare aus, und nimm von jedem eines der Wörter. Zunächst meinst du vielleicht, dass diese beiden Wörter nicht zusammenpassen, doch das macht den Reiz dieser Aufgabe aus. Immer wenn wir »nicht zusammenpassende« Wörter haben, treten wir aus dem Bereich des logischen Denkens heraus und geben der Kreativität mehr Raum.

So wird die Person lebendig!

Im Laufe einer Geschichte muss sich der Charakter einer Figur entwickeln und verändern, sie muss ihre Probleme überwinden und erwachsen werden. Man nennt das auch »Transformation«. Jede Geschichte und die Personen, die sich darin tummeln, brauchen Veränderungen, Erzählungen leben vom Fortgang.

Damit der Text nicht stagniert, musst du die Handlung Satz für Satz vorwärtstreiben.

Wenn du einen Gegner (Antagonist) erschaffst, wird dein Held (Protagonist) in die Enge gedrängt. Das löst den Prozess aus, durch den die Personen sich verwandeln. In einer guten Geschichte geht es immer um den Entwicklungsweg des »Helden«.

Dabei ist es wichtig, dass wir nicht zu viel erklären, sondern mehr zeigen. Stimmungen solltest du immer bildlich beschreiben. Zeige in deinem Text, wie jemand sich benimmt, wenn er neugierig oder überlegen ist. Überlege dir, wie sich Depression, Glück oder Ärger in der Mimik und in der Körpersprache ausdrücken. Zeige zum Beispiel, wie der Mensch aussieht, wenn er verliebt ist.

Was tut die Person, wie bewegt sie sich, welche Kleidung trägt sie? Führe den Leser in das Bild hinein, damit er es mit seinen eigenen Augen sehen kann.

Um deine Figuren lebendig zu gestalten, musst du zuerst dein eigenes Bild von ihnen entwickelt haben. Das geht ziemlich leicht, wenn du dir zunächst eine Person vorstellst, die du gut kennst. Oder du nimmst dazu eine Abbildung aus einer Zeitschrift.

53. Schreibimpuls:

Tag- und Nachtseiten

Stelle dir eine Person vor, die zwei gegensätzliche Eigenschaften hat. Wie geht sie damit um, wann zeigt sie ihre Tag- und wann ihre Nachtseite? Kann sie eine der Seiten überhaupt jemandem zeigen? Wem? Daraus kannst du eine überraschende Geschichte entwickeln.

Diese Tag- und Nachtseiten kannst du auch bei Gegenständen beschreiben. (Ein Bett, das zum Schlafen einlädt, und dann?) Auch ein Tier trägt beide Seiten in sich. Was geschieht, wenn der brave Lieblingshund einmal nicht folgsam ist und stattdessen einen Rentner anfällt? Denke dir dazu Geschichten aus.

Wir schauten uns an, und Ilse sagte: »Ihr seid das beste Anschauungsmaterial für mich. Jeder von euch bekommt jetzt einen anderen Namen und wird dicker oder dünner, jünger oder älter. Ich erschaffe jetzt von uns allen eine Tag- und eine Nachtseite. Das macht bestimmt Spaß, wir werden uns nachher nicht mehr wiedererkennen.«

»Hoffentlich nicht«, sagte ich.

Einer ist gut,
der andere böse –
so läuft es im Leben nicht.
Wir alle haben eine helle
und eine dunkle Seite.

Jeder Mensch hat Ängste, und jeder hat auch eine ganz bestimmte Sehnsucht. Das ist der springende Punkt, der den Text lebendig macht. Du kannst dein »inneres Sehen« entwickeln, indem du dich selbst von einem neutralen Standpunkt aus beobachtest, ganz ohne zu urteilen. Registriere alles, als wärst du ein außenstehender Beobachter. Warum ärgerst du dich in bestimmten Situationen oder wirst unwirsch? Wo musst du dich »zusammennehmen«? Auf diese Weise entdeckst du deinen wunden Punkt! Wenn du den bei dir erkennen kannst, hast du wieder ein Thema für einen lebendigen Text gefunden. Wichtig ist, dass du nichts beschönigst, du kannst in deinem Text aber ruhig gehörig übertreiben. Wo Wut ist, ist auch die größte Energie.

Finde immer auch ein geeignetes Ende, doch nicht jede Frage muss beantwortet werden. Lasse dem Leser (und dem Schicksal) Raum, denn wenn du alles beantwortest, bleiben keine Fragen mehr offen und die Fantasie des Lesers wird nicht gefordert.

54. Schreibimpuls:

Gespaltener Charakter

Verwende für deine Geschichte die Person auf der Karte, und gib ihr einen Namen. In ihrem Leben gibt es einen zentralen Konflikt. Er hat mit Erfolg zu tun. Will sie Erfolg, oder hat sie Erfolg? Zwingt sie jemand dazu, Erfolg zu haben oder ihren Job zu machen? Was würde sie am liebsten tun? Wird sie das versuchen? Hat sie Erfolg dabei? Wenn nicht, was geschieht dann?

Wenn du zwei extreme Charakterzüge eines oder zweier Menschen in einem Text verarbeitest, wird dieser Konflikt deine Geschichte spannend machen. Einen solchen Zwiespalt findest du oft auch bei dir selbst – und natürlich auch überall sonst, wenn du ein aufmerksamer Beobachter bist. Er ist dort, wo man Ärger verspürt, dort, wo man unbedingt etwas verändern möchte. Verwende Konflikte für deine

Geschichte, und suche mithilfe des Schreibens nach Lösungen.

Du wirst im Alltag nun öfter auf der Suche nach Themen für dein Schreiben sein. Dabei eröffnet sich dir automatisch ein neuer Blick auf deine Umwelt.

55. Schreibimpuls:

Zeigen — und nicht erklären

Wie sieht ein Mensch aus, wenn er müde ist? Was macht er, wie benimmt er sich? Schreibe einen kurzen Text über Müdigkeit, ohne dass du das Wort »müde« verwendest.

Normal würdest du schreiben: »Paul war sehr müde.« Doch jetzt sollst du ein Bild davon beschreiben. Du zeigst, wie Paul gähnt und sich in einem fort die Augen reibt und dabei auf die Uhr schaut usw.

Mache diese Übung auch mit anderen Adjektiven. Hier ein paar Beispiele:

stark – fröhlich – zufrieden – angepasst – attraktiv – gewinnend usw.

Schreibe dazu kleine Absätze, die nicht zusammenhängen müssen. Diese Übung wird zu einer Bildersammlung deines Verstandes. Du kannst dadurch mehr sehen und deinem Leser nachher mehr Bilder vermitteln.

*Eine aufrichtige Charakterschilderung
zeigt beide Seiten einer Person
– ohne Wertung.*

Am besten ist es, wenn du die Menschen in deiner Umgebung unter die Lupe nimmst. Ich meine nicht, dass du sie in eine Schublade steckst und von jetzt an be- oder gar verurteilst. Es geht darum, dass du einen großen Erkenntnisschatz darüber ansammelst, wie Menschen in verschiedenen Situationen reagieren. Du kannst dir aufschreiben, warum eine Person etwas so tut und nicht anders.

Die ganze Welt ist ein Übungsfeld für das Erfinden neuer Geschichten, doch wenn deine Geschichte von Menschen handelt, musst du stimmige Charaktere entwickeln.

Es gibt kaum einen Menschen, der keine Angst verspürt. Suche dir einen deiner Mitmenschen aus, und überlege dir, wo seine Angst herkommt. Zeigt er sie, oder tritt er rechthaberisch und bestimmend auf? Wie wirkt er auf andere? Ist er öffentlich anders als zu Hause, versteckt er etwas Wichtiges, von dem niemand weiß? Es gibt Tausende Möglichkeiten: Entwickle einfach mehrere Charaktere aus deinen Beobachtungen.

Jeder hat irgendwelche Träume und Wünsche. Suche dir wieder eine Person aus. Was ist ihr größter Wunsch? Wonach sehnt sie sich am meisten? Will sie reich werden, den Menschen helfen, eine Familie gründen, die Welt kennenlernen? Ist der Wunsch erfüllbar, oder macht sie sich Illusionen? Stelle dir alle möglichen Fragen, und ordne deinen Figuren diese Wünsche zu.

Du musst kein Psychologe sein, um diese Muster zu durchschauen und kannst natürlich auch bei dir selbst beginnen. Du brauchst beim Schreiben eine gute Portion solcher Erfahrungen beziehungsweise Beobachtungen.

Mache dir Listen über verschiedene Personen aus deinem Umfeld. Im Lauf der Zeit kennst du ihre Schwächen und Stärken. Das macht Spaß, und beim Entwerfen von Geschichten fällt dir dann bestimmt ein, warum zum Beispiel Hugo und Helga Schwierigkeiten in ihrer Partnerschaft haben.

56. Schreibimpuls:
Die Vorübergehenden

Setze dich in Gedanken auf den leeren Stuhl, fühle die Luft um dich herum, und betrachte den Fluss, alle Bewegungen des Wassers. Nun stelle dir vor, dass immer wieder fremde Personen vorbeikommen und dir eine Frage stellen. Wie lautet diese Frage,

und wer ist die Person, die zu dir kommt? Was ist das Charakteristische an der Person? Du erkennst es an ihrer Frage.

Schreibe einen oder mehrere Texte darüber.

Du kannst an einem einsamen Ort sitzen und schreiben wollen, und dir fällt nichts Gescheites ein. Dann beginne mit dem, was »jetzt gerade« ist. Ich nenne das »am Fluss sitzen«. Du kannst auch einfach den Tag Revue passieren lassen und das Wichtigste notieren. Schreibe, was die Leute dich gefragt haben, und entzerre die Probleme, die du hattest. Vielleicht schreibst du aber auch nur über einen einzigen Geruch, der dir in die Nase kam.

Text einer Teilnehmerin:

Ich bin jetzt hier. Gestern, als ich ankam, lag ein Geruch von Räucherwerk in der Luft. Die ganze Stadt, das ganze Land roch wie eine Messe, bei der unablässig Weihrauchbecher geschwenkt werden. Dann war da noch der Geruch nach Meer und Salz und Tiefe. Ein schwerer und beinahe süßlicher Geruch. Beide Gerüche, das Räucherwerk und das Meersalz, haben mich fortgetragen. Weg von der Welt, aus der ich kam, tief hinein in mich. Ich. Ganz tief in mir drin. Ganz warm und vertraut.

Wenn ein Text den Lesenden zum Lachen bringt, sein Mitgefühl weckt oder er sogar wütend wird über die vielen Dummheiten einer Figur, dann ist das ein Zeichen für einen lebendigen Text, und wir wissen, dass der Autor ins Schwarze getroffen hat.

Meine Freunde waren so vertieft in ihre Charakterstudien, dass es eine wahre Freude für mich war, ihnen zuzusehen. Jeder machte Listen mit Namen, Orten und einer Menge Adjektiven. Später saßen wir noch lange um das Feuer herum und lasen uns unsere Geschichten vor. Die Texte waren besser geworden, gewachsen, und vielfältige neue Ideen waren entstanden.

57. Schreibimpuls:
Die Essenz in einem Satz

Wer ist die Figur auf dem Bild? Ein Teufel, ein Ungeheuer oder ein Liebhaber, ein Verführer?

Falls dir die Figur auf dem Bild nicht besonders gefällt, dann ist gerade das eine gute Basis, um einen emotionalen Text zu schreiben. Schreibe eine Begegnung auf, die dir in den Sinn kommt. Vielleicht lenkst du auch dein Augenmerk auf eine Kleinigkeit im Bild, die dir auffällt (Feuer, schwarz, Rosenkavalier, Teufel).

Wenn du fertig bist und den Text noch einmal durchliest, achte darauf, welcher Charakter entstanden ist. Beschreibe ihn in einem einzigen Satz.

In der Psychologie nennt man das Dunkle und das Unheimliche in uns den »Schatten«. Es ist die Seite, die wir nicht sehen können, die wir leugnen und oftmals in unseren Mitmenschen bekämpfen. Die Aussöhnung mit diesem Teil von uns ist eine wichtige Aufgabe in unserem Leben, ja, die Voraussetzung für inneres Wachstum. Eine Ablehnung und Verleugnung unserer dunklen Seite führt zu Blindheit, und wir blockieren uns an dieser Stelle selbst. Es sind genau die Dinge, die wir vermeiden wollen, die uns nicht gefallen, die wir abgespalten haben und die dennoch da sind.

Wenn wir uns beim Schreiben mit dem scheinbar Bösen in uns auseinandersetzen, kann dies ein erster Schritt sein – der Beginn einer Reise zur Befreiung von Angst, Dunkelheit und Leid.

11. Kapitel

Wenn wir aufrichtig sind,
erkennen wir, dass unser Verstand
in einem finsteren Raum umhertreibt.
Doch die Sehnsucht nach dem Licht
ist unauslöschlich.

Archetypen

Die Tage wurden mehr und mehr zur Last. Wir sehnten uns nicht nur nach einem weichen Bett, sondern nach den kleinen Annehmlichkeiten, denen wir vormals kaum Beachtung geschenkt hatten. Immer noch lebten wir in einer Art Zwischenwelt. Auch mit meinen Versuchen, die anderen aufzuheitern, konnte ich nicht viel erreichen. Natürlich wollte ich weder meinen Freunden leere Versprechungen machen, noch selbst einer Illusion zum Opfer fallen. Die Wahrheit war: Ich wusste auch keine Lösung. Inzwischen wussten wir nicht mehr: Lebten wir in einer Fantasiewelt? Wo waren wir wirklich, und was war diese Welt überhaupt?

Klio tauchte aus einer anderen Wirklichkeit auf, erschien mir mit einem Lorbeerkranz im Haar und einer halb geöffneten Schriftrolle in der Hand. Sie trat auf wie die Göttin der Nacht und war gleichzeitig das Licht selbst, war die Inspiration in Person. Ich brauchte sie, ich sehnte mich nach ihr, ich öffnete mich für ihre Sprache. Sie war diejenige, die mich anspornte, die mir Mut und Hoffnung gab und die mich inspirierte. Wenn ich sie sah, kamen die Worte zu mir wie ein Windhauch oder ein gewaltiger Donner, wie ein süßer Gesang oder wie ein großes Gedicht – ein Gedicht, das ich nicht auszusprechen wagte: Es würde in meinem Mund zersplittern, ich würde es unwillkürlich vernichten. Das durfte nicht geschehen, nein, ich wollte einfach nur sprachlos ihren Duft einatmen und den Augenblick genießen.

In der Höhe, Weite und Tiefe verweilen
und beim Auftauchen
Worte ans Licht bringen
wie Perlen vom Meeresgrund,
mit Farben und Formen,
die wie von selbst
auf das Papier strömen.

Unsere Stimmung war auf einen Tiefpunkt gesunken. Wie eine dunkle Decke lag das Heimweh über uns, Frust und Hoffnungslosigkeit liefen mit den Regentropfen von den Blechwänden. Die Befürchtung, unsere Freunde und Familien zu Hause vielleicht nie mehr zu sehen, sie für immer verloren zu haben, zehrte an unseren Nerven. Annelie litt unter unsagbaren Kopfschmerzen, und Ilse schnäuzte beinah ununterbrochen in ein Taschentuch, Matthias blätterte in einem fort in seinen Karten. Sicher suchte er nach einer Lösung im Land Phantasien.

»Ruth, schau mal, kennst du den?« Er hielt mir eine ganz bestimmte Spielkarte vor das Gesicht.

Es war der Narr, und ich lächelte. »Ja, den kenne ich.«

Wir alle befanden uns in einem Narrenspiel, und ich musste dabei an meine nächtliche Begegnung denken.

»Was gibt es denn zu lachen?«, fragte Dorothea.

»Tja, nur ein Narr kann da noch lachen«, erwiderte Ute, ohne von ihrer Spiegelscherbe aufzublicken, in der sie ihre Frisur begutachtete. »Ich hätte schon vor drei Wochen zum Friseur gemusst, doch auch der Termin ist zum Teufel.«

»Der Narr hat auch keine Frisur«, meinte Ilse, »und scheint trotzdem glücklich zu sein.«

»Das ist es«, sagte ich, »er ist glücklich, obwohl er nichts ist, nichts hat und nichts tut. Er ist unschuldig und vertraut einfach dem Leben.«

»Tja, er weiß nichts, aber vielleicht ist er schlauer als wir alle zusammen«, überlegte Matthias. »Der ist wie Hans im Glück im Märchen.«

Die Archetypenlehre, wie der Schweizer Psychologe C. G. Jung sie entwickelte, eröffnet uns ein gewaltiges Feld, mit dem wir arbeiten können. Fast jeder Text, jede Geschichte basiert auf einem der unzähligen Archetypen. Zu den Archetypen gehören unter anderem der Schatten als das Dunkle, der Abstieg der Seele ins Totenreich. Auch dazu zählt man Frau und Mann als Anima und Animus, die Große Mutter, die wir in Maria und anderen Göttinnen wiederfinden. Dann gibt es den alten Weisen, der oft in Gestalt eines Magiers oder Zauberers auftritt. Im Tarot finden wir auch den Kaiser, den Hohepriester, die Hohepriesterin, den Tod und natürlich den Narren, der niemals fehlen darf, um nur einige zu nennen.

58. Schreibimpuls:

Narrentext

DER NARR

Schreibe spontan einen Text darüber, was dir beim Betrachten des Narren in den Sinn kommt.

Matthias schmunzelte vor sich hin. »Darf ich euch meinen Narrentext vorlesen?«

*D*u machst dir alles viel zu leicht«, sage ich zu dem Narren.

»Quatsch nicht so daher, komm, geh mit mir in die Welt der Fantasie, ich zeig dir was!«

Noch zögere ich und bleibe sitzen, denn das Leben hat mich gelehrt, nicht jedem dahergelaufenen Narren zu trauen. Ganz sicher ist er nichts als ein Spinner. Aber er bemerkt meine Zweifel und trällert ein Liedchen vor sich hin:

»Komm einfach mit, verlass die Angst, es wird dir nichts geschehen.« Dann fügt er nachdenklich hinzu: »Ich habe alle Welten durchlaufen und Abgründe überwunden, ich bin oft hingefallen und wieder aufgestanden. Ich schlittere durchs Leben, ohne Schaden zu nehmen. Mir geht es gut. Ich könnte dir wichtige Dinge zeigen, komm, wir machen uns auf die Suche nach großen Schätzen.«

Ich denke: »Der Angeber!« Aber dann nimmt er einfach meine Hand und zieht mich aus meiner bequemen Position nach oben. Seine Hand fühlt sich an wie die Hand eines Kindes. Da ahne ich, dass ich ihm vertrauen kann, und lasse mich von ihm führen. Während wir Hand in Hand in die weite Welt hinein schlendern, summt er ein Liedchen vor sich hin: »Tralala, tralala, tralala …«

Das Thema war angekommen, und wir ahnten, dass hinter dem Bild des Narren eine Welt verborgen lag, die wir bislang noch nicht betreten hatten. Es war die Welt der Leichtigkeit des Seins.

»Warum nur machen wir uns alles so schwer?«, meinte Dorothea.

Die Begegnung mit dem Narren hatte uns gutgetan, und das Schreiben über ihn hatte uns wieder ins Gleichgewicht gebracht.

59. Schreibimpuls:

Einseitige Betrachtungsweise

1. Schreibe beim Betrachten des Bildes einen Text über die heile Welt, wie du sie dir wünschst oder ersehnst.
2. Nun schreibe einen zweiten Text, in dem Untergang, Tod und Verzweiflung herrschen (färbe dafür das weiße Einhorn auf dem Bild in Gedanken schwarz).

Bei dieser Übung ist es wichtig, dass du jeden der Texte »einseitig« schreibst. Wenn du also über den Untergang schreibst, dann lasse dem Leser bitte auch keine Hoffnung.

Dort, wo sich der Ursprung befindet, wo die Sprache noch ohne Worte verstanden wird, dort lebt die Bilderwelt aller Anfänge. Bevor das Wort geboren wurde, gab es nur Bilder. Die Worte wurden aus den Urbildern geboren, und bei ihnen beginnt der Weg des Schreibens.

Der Mensch des 21. Jahrhunderts ist es gewohnt, sich mit Worten zu verständigen, obwohl durch zu viele Worte Verwirrung entstehen kann. Wörter werden zu Begriffen, die – als menschliche Erfindung – der Veränderung unterworfen sind. Viel zu oft werden Worte zu Geplapper, zu leerem und unverständlichem Geschwätz.

Doch Worte können auch heilen, aufbauen, ermutigen und beglücken. Wenn Worte durchdrungen werden von einer heilen Innenwelt, berühren sie das Herz und lassen es gesunden. Wenn wir lernen, uns der Bilder aus dem Unbewussten zu bedienen, sie herausfließen zu lassen, ihnen Leben und Sprache verleihen, wird sich unser Leben grundlegend verändern.

Die Beschäftigung mit Bildern hat die Aufgabe, unserer Persönlichkeit ihr fundamentales Gleichgewicht zurückzugeben, Sinn und Ordnung zu stiften. C.G. Jung sprach von den »Archetypen«, die uns allen innewohnen. Nach Jung sind Archetypen universell vorhandene Urbilder in den Seelen aller Menschen, unabhängig von ihrer Geschichte und Kultur. Zu den Bildern zählen Vorstellungen, Gegenstände und Lebewesen. Es sind innere Strukturen der Seele, die sich aus Urerfahrungen der Menschheit gebildet haben und nie vernichtet werden können. Archetypen manifestieren sich in symbolischen Bildern, die universelle Gültigkeit besitzen und einen beträchtlichen Anteil am Leben eines jeden haben.

Wir wissen es nur nicht, weil wir manchmal Angst vor ihnen haben, und das, weil wir sie nicht gut genug kennen.

Archetypen als Urformen menschlicher Erfahrung finden wir überall auf der Welt. Sie sind immer mit den gleichen Motiven ausgestattet, und manche sind mit anderen Gestalten verwoben. Doch ihre ursprüngliche Botschaft bleibt bestehen. Aus der Begegnung mit ihnen schöpfen wir eine verborgene, ihnen innewohnende Kraft.

Wer sich mit Platons Ideenlehre beschäftigt hat, entdeckt hier eine Parallele: In der Ideenwelt liegt das unvergängliche Urbild dessen, was wir nun mit unseren Sinnen als Bild erkennen. Im Be-Schreiben dessen, was wir sehen und fühlen, haben wir teil daran. Wenn wir uns auf das Geheimnis der Archetypen einlassen, können wir manchmal ihr Flüstern vernehmen.

Oft mischen sie sich ungerufen in das Leben unserer Protagonisten ein. Sie verkleiden sich als Feind oder Rebell, als Helfer, Engel oder Teufel, als böser Nachbar, als ein Löwe oder eine Biene. In der gängigen Literatur entdecken wir sie unter Masken, in Worten eingebettet und hinter Bildern versteckt.

Sie begleiten uns und den Text, den wir schreiben, klopfen an Türen, begegnen uns in hilfreichen Menschen und verbergen sich hinter jeglicher Art von Begegnung. Sie haben keine eindeutige Sprache, tragen kein eindeutiges Gewand. Sie erscheinen in Symbolen, die jeder anders interpretiert und versteht.

Sie lassen sich in kein Schema pressen, und dennoch entfaltet das archetypische Bild seine Macht überall, wo es auftaucht. Deshalb lässt manchmal ein Buch oder ein ganz bestimmter Textabschnitt den Leser lange nicht mehr los.

Lebendiges Schreiben entsteht, wenn der Autor die in seinem Text enthaltenen Botschaften aus eigenem Erleben schöpft und sie so auch glaubhaft weitergeben kann. Ein solcher Text ist immer eine Innenschau, die Berührung mit dem Unsichtbaren und Ewigen. Wir können nicht viel dazutun, aber wir können durch Beobachtung und Achtsamkeit unsere Wahrnehmung schärfen.

In unserer Seele wohnt eine Ordnung schaffende Kraft, die auch die Quelle unserer Aktivitäten ist, manche nennen sie Geist. Wir Menschen geben diesen unsichtbaren Dingen Namen – viel besser ist es, wenn wir ihre Wirkung erfahren. Auch durch das Schreiben können die Archetypen die in Unordnung geratenen Strukturen zurechtrücken. Da ist etwas in uns, was ständig neue Bilder erzeugt.

Wenn du mit einem der Archetypen in Berührung kommst, vermittelt er dir seine Botschaft, und du wirst das Bild nicht mehr los. Alle großen Künstler kennen diese Berührung. Das Göttliche kommt zum Menschen, der Mensch nähert sich dem Göttlichen, und sie werden eins.

»Ich glaube, ich habe alles falsch gemacht.« Utes Erinnerungen tauchten auf wie ein Nest voller Schlangen. Sie erzählte von ihren engstirnigen Eltern und ihrer autoritären, streng religiösen Erziehung. Längst besiegt geglaubte Schuldgefühle tauchten unerwartet und plötzlich wieder in ihr auf. Ich ermutigte Ute, das Bild anzuschauen, und sie schrieb einen Text der Befreiung.

60. Schreibimpuls:
Vor dem Richter

Betrachte dieses Bild, und schreibe einen Text darüber.
Mögliche Überschriften wären:
»Die Schuldfrage« oder »Der Zeuge«. Entwickle weitere Ideen zu dem Thema.

Schatten entstehen dort,
wo das Licht daran gehindert wird,
zu dir durchzudringen.

Während du die Archetypen näher kennenlernst, werden sie zu inneren Helfern auf dem Weg des Schreibens. Dabei erfährst du ständig das Wechselspiel von Außen- und Innenwelt, denn beide entsprechen einander.

Archetypen sind die Bewohner unserer Innenwelt. Sie wollen immer nur das Beste für uns, auch wenn wir das nicht immer verstehen. Das Wort »verstehen« hängt mit »Verstand« zusammen, doch diese Gestalten leben im Herzen oder in der Seele. Sie sind im Land der Kindheit zu Hause, das wir schon vor langer Zeit verlassen mussten. Doch wenn wir wieder Kinder werden, finden wir einen neuen Zugang zu ihm.

Archetypen begegnen uns auf Schritt und Tritt. Sie sprechen mit der ursprünglichen Sprache der Seele. Doch oft überhören wir sie wegen der lärmenden Gedanken. Wir müssen unsere Aufmerksamkeit schulen, um sie erkennen zu können; wir müssen die Dinge anders wahrnehmen, um mit ihnen in Verbindung treten zu können. Archetypen entdecken wir manchmal beim Besuch einer Galerie, beim Lesen eines Buches und vor allem, wenn wir uns öffnen für den Weg der Kreativität.

Wenn wir beim Anschauen eines Bildes mit den Archetypen in Kontakt treten, beginnen wir, ihre Sprache zu verstehen und zu hören, was sie uns zu sagen haben. Vielleicht geschieht das am Anfang nur nebelhaft, zum Beispiel durch ein undefinierbares Gefühl, doch später wird das Bild dann klarer. Unser Verstand flüstert uns zu, dass wir uns das alles nur ein-Bild-en. Doch wir können durch Ein-Bild-ung sehend werden. Durch die Betrachtung eines Bildes wird verlorengegangenes Wissen wiedererweckt. Die Urtypen tauchen aus dem Unbewussten auf, und ein Aha-Erlebnis überfällt uns aus heiterem Himmel. Wir machen eine Erfahrung, die uns niemand mehr nehmen kann. Schreibend verwandeln wir die Formen der Archetypen und schauen hinter ihre Masken. Dann werden sie zu engen Freunden und Beratern, die uns auf dem Weg des Schreibens begleiten.

61. Schreibimpuls:

Wer schreibt wie?

Betrachte den Ausschnitt einer Wand mit Reliefen, und schreibe mehrere Kurztexte darüber.

Schreibe aus der Sicht eines Kindes, eines Gelehrten, eines Touristen, einer Ameise, eines Vogels, eines Historikers, eines Liebespaares – oder was dir sonst noch dazu einfällt.

Treten Sie also zur Seite,
vergessen Sie Ziele,
und lassen Sie Ihre Figuren,
Ihre Finger, Ihren Körper, Ihr Blut und
Ihr Herz einfach tun.
Ray Bradbury[19]

---

19 Bradbury, Ray: *Zen in der Kunst des Schreibens.* Berlin: Autorenhaus-Verlag, 2003

62. Schreibimpuls:

Die Kraft

Betrachte das Bild, und schreibe einen Text über »die Kraft«. Du wirst dabei mit einem wichtigen Archetypen in Verbindung treten, der Frau mit dem gezähmten Löwen. Sie kann in sein Maul fassen, ohne dass er ihr etwas antut. Falls du die zweiundzwanzig Karten aus der Großen Arkana zur Hand hast, kannst du mit jedem dieser symbolischen Bilder arbeiten.

12. Kapitel

*Wer die Tür zum Unbewussten kennt
und seine Sprache versteht,
wird ein weiser Schriftsteller sein.*

Träume, Rituale und Symbole

Wir waren als Team zusammengewachsen und erzählten uns morgens gegenseitig unsere Träume, auch wenn wir nicht jeden gleich begreifen oder erklären konnten. Träume zeigen sich immer in Bildern und enthalten oft den Keim für eine neue Geschichte.

Du kannst deinen Traum festhalten, indem du ihn sofort nach dem Aufwachen aufschreibst, den ursprünglichen Inhalt verwandelst und als Grundthema für eine neue Geschichte nimmst. Auf jeden Fall wird dir durch das Aufschreiben und das Erinnern die Botschaft des Traumes klarer.

»Da fällt mir ein, dass ich heute Nacht von einem Polizisten geträumt habe«, erzählte Dorothea. »Aber eigentlich habe ich gar keine Beziehung zu Polizisten und auch in letzter Zeit weder eine Begegnung noch ein Erlebnis mit einem zu verzeichnen. Ihr wisst ja, dass es hier keine Polizei gibt.«
Wir lachten.
»Dieser ›Traumpolizist‹ hat etwas mit dem Gesetz zu tun. Er symbolisiert Gebote und Ordnungen, die sich in dir festgesetzt haben. Vielleicht hast du ein engmaschiges Gewissensnetz, das nichts durchgehen lässt. Du stehst ständig unter

einem Druck, die Regeln befolgen zu müssen, hast Angst, sie zu übertreten oder etwas falsch zu machen.«

Wichtig sind zunächst die Assoziationen, die der Träumende selbst hat, und nicht das, was in Traumdeutungsbüchern steht. Du musst nicht den ganzen Traum analysieren, sondern ihn einfach nur anschauen, ohne dir viel Gedanken über eine »korrekte Auslegung« zu machen.

Da das Unterbewusstsein nur in Bildern spricht, kannst du beim Schreiben diese Bilder benutzen. Stelle dir dazu beispielsweise den Polizisten als ganz reale Person vor.

Es gibt mehrere Möglichkeiten, den Traum schreibend zu verarbeiten:

1. Mache ein Cluster von allen Traumfetzen und Erinnerungen, die dir dazu einfallen.

2. Schreibe den Traum genau so auf, wie er war, so diffus und unstrukturiert, wie du ihn erlebt hast. Mache das unbedingt gleich nachdem du aufgewacht bist, dann, wenn du den letzten Zipfel des Traumes gerade noch fassen kannst. Die meisten Träume verflüchtigen sich ganz schnell wieder, und schon eine halbe Stunde später denkst du nur noch: »Da war doch was. Aber was?«

3. Schreibe eine Fantasiegeschichte darüber, was du im Traum erlebt hast. Dabei kannst du nach Herzenslust Dinge dazudichten, es ist egal, wie weit du dich vom ursprünglichen Traumgeschehen entfernst.

4. Schreibe dem Polizisten einen ganz persönlichen Brief: »Sehr geehrter Herr, da Sie mir einen Besuch abgestattet haben, sehe ich mich genötigt, mich mit Ihnen in Verbindung zu setzen. Eigentlich würde ich so etwas nie tun, denn Polizisten sind mir grundsätzlich zuwider und treiben mir den

Angstschweiß auf die Stirn. Doch diesmal will ich es wissen! Was habe ich denn jetzt schon wieder verbrochen? Ich will nicht ins Gefängnis kommen, meine Kinder brauchen mich, und ich finde keine Pflegemutter für sie …«

Die meisten Menschen tragen ihren Richter mitsamt einer Geschworenenbank mit sich herum. Zur Verstärkung steht dann noch ein ganzer Polizeiapparat zur Verfügung, der dafür sorgt, dass alles korrekt und ohne Zwischenfälle abläuft. Ich habe schon von Menschen gehört, denen es sogar Vergnügen bereitet, alles, was irgendwo falsch läuft, zu beobachten, aufzuschreiben und dann eine Anzeige zu erstatten.

> *Manchmal ist es richtig,*
> *das Falsche zu tun,*
> *und manchmal ist es falsch,*
> *das Richtige zu tun.*

Wir müssen uns damit abfinden, dass nicht alles so läuft, wie es unserer Idealvorstellung entspricht. Selbst Heilige waren menschlich und allen Versuchungen unterworfen, oft sind auch sie »gefallen«. Auch sie kämpften mit dem Teufel und Dämonen.

Zumindest bei unseren Texten sollten wir Gnade walten lassen und nicht alle Vorschriften befolgen wollen. Es gibt Regeln oder Richtlinien, aber keine absoluten Gesetze. Wie man »gut« schreibt, haben auch nur Menschen erfunden.

Du wirst während des Schreibens deinen eigenen Weg finden müssen. Lasse die Geschichte ihren eigenen Lauf nehmen, manchmal musst du das Ende nicht vorher wissen. Auf jeden Fall kannst du am Schluss eine gewisse Wahrheit erfühlen oder erkennen. Dann hast du das gefunden, was dein Unbewusstes dir mitteilen wollte.

Du darfst den Botschaften eines Traumes immer vertrauen. Packe jede Idee beim Schopf, und lege sie in Worten und Bildern auf das Papier. Du wirst dort ankommen, wo du Befreiung erfahren kannst oder eine neue Erkenntnis auftaucht. Wenn nicht gleich, dann vielleicht in ein paar Tagen oder Wochen.

63. Schreibimpuls:

Die Sprache der Träume

Schreibe einen dir wichtigen oder immer wiederkehrenden Traum auf, auch wenn er anscheinend nichts mit deinem Leben zu tun hat. Erstelle zuerst mithilfe von ein paar Stichpunkten ein Cluster. Stelle Fragen an den Traum, und schreibe die Antworten auf sie auf, die dir in den Sinn kommen, ohne viel nachzudenken. So wirst du ihm sein Geheimnis entlocken und mehr und mehr die Sprache der Träume verstehen können.

Rituale entwickeln

Ein Ritual ist ein festgelegter Ablauf von Worten und Handlungen, der dem Einzelnen und der Gemeinschaft Schutz bieten und Erfolg gewährleisten soll. Ein Ritual steckt voller Symbole und verläuft nach einem vorgegebenen Schema. In vielen Kulturen gibt es heute noch ganz bestimmte Rituale für besondere Lebenssituationen. Zum Beispiel wird der Übergang von der Kindheit ins Erwachsenenalter durch Initiationsrituale markiert und gefeiert. Am allerwichtigsten sind jedoch die Übergangsriten bei Geburt und Tod. Auch in unserer Kultur finden wir – besonders im religiösen Bereich – entsprechend viele Zeremonien.

Symbole und Rituale sind sich ihrem Wesen nach sehr ähnlich und entwickeln beide besondere Kräfte in Krisensituationen. Auch viele Therapieansätze bedienen sich Ritualen.

Ein Ritual ist eine bewusste Handlung, die der ihr zugrundeliegenden Idee bildhaften Ausdruck verleiht. Mit ihrer Hilfe sollen Ordnung und Struktur wiederhergestellt werden, wo sie verloren gegangen sind. In schwierigen Zeiten, in denen wir nicht wissen, ob wir sie heil überstehen, kann ein Ritual ein wichtiges Hilfsmittel zu ihrer Überwindung darstellen.

Auch während des Schreibens kommen wir unwillkürlich in einen gewissen Vorgang hinein, den wir als Ritual bezeichnen können. Wir benutzen die Kräfte eines Rituals zur Öffnung der Räume unserer Kreativität und Intuition. Von Mal zu Mal geht die Tür einen Spaltbreit weiter auf, und wir erleben eine wohltuende Erfrischung unseres lahmen und müden Geistes, wir befördern frische Ideen herauf in die sichtbare, reale Welt, indem wir sie auf das leere Blatt Papier vor uns fließen lassen.

Die Welt der Imagination
ist größer und weiter, als wir ahnen.

Symbole

Ein Symbol ist ein Gegenstand oder ein Geschehen, das sinnbildlich auf etwas anderes verweist. Wir nehmen etwas wahr und betten es in einen Kontext, in dem es einen tieferen Sinn erhält. Wir geben jenem »Ding« eine seelische oder geistige Bedeutung. So kommt es, dass ein Symbol oftmals auch nicht für jeden dasselbe ausdrückt. Solche Symbole durchziehen oft ein ganzes Buch, ja, manchmal das gesamte Werk eines Dichters.

Im Gegensatz zur Bedeutung der Archetypen kann die eines Symbols jeder Einzelne nur für sich selbst erkennen und erfassen. Doch die Aussagefülle des symbolischen Bildes bleibt letzten Endes unübersetzbar und dem inneren Anschauen vorbehalten. Es ist zwar nie so präzise wie das abstrakte Wort, aber es transportiert eine vielseitige Wirklichkeit. Die Beschäftigung mit Symbolen fördert und aktiviert unser bildhaftes Denken.

Ein Symbol ist eine Art Sinnbild, eine Zeichensprache, die Manifestation grundlegender Erfahrungen in mehrschichtigen Bildern und Vorgängen.

Unsere Sprache fungiert als Träger und Vermittler von Bedeutungen. Die Eigenart des Symbols als Bedeutungsträger ist seine Mehrdeutigkeit, die oft so weit gehen kann, dass gegensätzliche Bedeutungen in einem Symbol zusammenfallen.

Die ganze Welt ist durchzogen
von Symbolen,
von Bildern und Gestalten –
dem Wissen der Ahnen.

Wir können und dürfen beim Schreiben moralische Bedenken beiseitelassen. Beim kreativen Schreiben überwinden wir die Grenzen, die wir selbst auferlegt haben – oder eine Religion. Dadurch werden wir frei, die Dinge »beim Namen zu nennen«. Um auf das Bild des Polizisten zurückzukommen: Er hat sein Gesetzbuch immer dabei, um dir immer wieder zu sagen, dass du wieder nicht das Richtige gesagt, getan oder geschrieben hast. Lass den Gedanken los, dass du alles sofort korrekt machen musst!

In unserer Welt hat alles zwei Seiten. Betrachte die Dinge immer aus beiden Blickwinkeln, und versuche zu ergründen, was an diesem Ort und zu dieser Stunde deine eigene Wahrheit sein könnte. Symbole können dir dabei sehr helfen.

64. Schreibimpuls:

Mein Symboltier

Fast jeder Mensch hat ein Lieblingstier, doch oft ist er sich dessen symbolischer Bedeutung nicht bewusst.

Du kannst jetzt folgende Überschrift für deinen Text verwenden: »Dreimal xxx«.
Setze für die Kreuze dein eigenes Lieblingstier/Symboltier ein.

Drachen waren von früher Kindheit an bedrohlich für mich. Sie speien Feuer und Schwefel und verzehren gnadenlos alles, was ihnen in die Quere kommt. Ein böser Drache kann mit seiner Wut einen ganzen Wald mitsamt den Tieren versengen und alles Lebendige darin zerstören.

Doch dann entschied ich mich, auf dem Weg des Schreibens meine Angst vor Drachen zu besiegen:

> *rachentier, du machst mir große Angst, und ich möchte überhaupt nichts mit dir zu tun haben. Doch wenn ich dich länger so betrachte, muss ich zugeben, dass du eine wunderbar glänzende Haut hast. Wenn ich wüsste, dass du dich nicht bewegst, würde ich versuchen, dich zu streicheln. Wirst du stillhalten? Einen kleinen Augenblick nur.« Der Drache blinzelte mit einem tränenden Auge zu mir herüber, und ich begann …*

Durch diese Annäherung entpuppte sich der Drache während des Schreibens als ein liebenswertes Geschöpf, das mich schon immer beschützen wollte. Er erzählte mir, dass er einstmals selbst gefangen wurde und in eine Höhle gesperrt dahinvegetieren musste. Er sehnte sich nach Erlösung und bat um meine Hilfe. So entstand die Geschichte einer Freundschaft mit einem Drachen.

65. Schreibimpuls:

Schreibrituale

Schreibe einen Satz über etwas, was du gerne »loswerden« willst. Schreibe diesen Satz zehn Mal untereinander. (Er darf nicht zu lang sein.)
Jetzt denke an etwas Gutes, was du empfangen möchtest. Schreibe diesen Satz zehn Mal untereinander. (Er darf nicht zu lang sein.)

Bei welchem Satz fühlst du dich besser?
Du kannst spüren, wie Worte deine Gefühle beeinflussen und das bewirken, was du aufschreibst.
Aus beiden Sätzen kannst du einen »Gesamttext« entwickeln, der Konflikte und Lösungen widerspiegelt.

Jeder von uns schrieb ein Problem auf einen Zettel, den er anschließend ganz klein zusammenfaltete. Dann suchten wir ein Stück Schnur, banden den Zettel daran fest und liefen zu den Bäumen hinüber. Dort band jeder sein Problem an einen Ast.

»Die sind wir los«, kommentierte Ilse lapidar. Irgendwie fühlten wir uns nun alle freier.

»Wenn wir jetzt daheim wären, könnten wir unseren Problemzettel an einen Luftballon binden und davonfliegen lassen«, sinnierte Ute.

»Das machen wir zu Hause!« Darin waren wir uns einig.

Du kannst alles, was du an Sorgen aufgeschrieben hast, in kleine Fetzen zerreißen und diese von einer Brücke aus in einen Fluss werfen. Falls du keinen Fluss in der Nähe hast, dann zünde das Papierchen mit einem Streichholz an, und verbrenne das Geschriebene.

Rituale kannst du in der Wirklichkeit ausführen, schreibend auf dem Papier oder nur in Gedanken. Manchmal ist es besser, es mit gleichgesinnten Menschen zu zelebrieren. Deine Gedanken und dein starker Wille sind das Wichtigste bei diesen Handlungen.

Wenn wir inspiriert sind,
schreiben sich unserer Texte anscheinend von selbst,
unsere Intuition weist uns dann den Weg.

Einmal entdeckten wir während einer Schreibwoche in Griechenland eine kleine Kapelle inmitten von Olivenbäumen. Der Überlieferung nach war ein alter Olivenbaum neben der Kapelle ein Wunschbaum. Zu ihm kamen Menschen mit ihren Wünschen und opferten etwas von sich selbst, indem sie es in eine der Aushöhlungen des Baumstamms legten. Dann gingen sie dreimal um den Stamm herum und hauchten dabei ihren Wunsch in die vielen Öffnungen des Baumes. Anschließend sollte man die kleine Kapelle betreten und darin eine Kerze anzünden.

66. Schreibimpuls:

Am Wunschbaum

Betrachte das Bild, und schreibe einen Text: »Ich glaube an …« oder »Ich glaube nicht an …« Was immer dir einfällt, es ist richtig für dich.

Du kannst auch einfach nur über einen Wunschbaum schreiben, denn du weißt ja, dass die Anweisungen nur Anregungen sind. Die Hauptsache ist, dass du überhaupt schreibst.

In unserer zivilisierten Welt haben wir kaum noch Zugang zu solchen Ritualen, doch im dörflichen Griechenland lebt noch etwas davon. Während wir uns dort drei Stunden lang zum Schreiben aufhielten, kamen immer wieder Menschen und legten ihre Wünsche in die Baumhöhlen.
Eine meiner Teilnehmerinnen war skeptisch. »Wir leben doch in einem aufgeklärten Zeitalter, und an diesen Hokuspokus glaube ich nicht«, sagte sie entrüstet.

Dennoch bauten wir den inneren Widerstand ab, ließen uns auf die Energie dieses Ortes ein – es konnte ja nichts schiefgehen – und öffneten uns der imaginären Welt. So entstanden einige der besten Geschichten!
Auch ich habe einen Wunsch dort gelassen. Tatsächlich ist er in Erfüllung gegangen.

Wir entschlossen uns, noch für einen Abendspaziergang zum Bach hinüberzugehen. Dort entdeckten wir einen großen, mächtigen Baumstamm, der uns als Brücke zur anderen Seite diente.

»Wir müssen balancieren«, sagte ich. Dabei hielten wir uns fest an den Händen und blickten in den Bach hinunter. Das Wasser gurgelte leise, und wir blieben in der Mitte stehen.

»Ich schaue hinunter und werfe in Gedanken meine Sorgen in das Wasser.« Jeder sagte diese Worte vor sich hin.

»Sie fließen mit dem Wasser weit weg von hier und verschwinden im Meer des Vergessens.«

Vielleicht wirkte es, weil wir in diesem Augenblick daran glaubten. Jedenfalls wurde es uns leicht ums Herz. Dann drehten wir uns um und schauten dem Bach stromaufwärts entgegen.

»Ich empfange von der Quelle neue Lebenskraft und neuen Mut.« Auch diesen Satz wiederholten wir gemeinsam. »Ein frischer und neuer Anfang strömt auf mich zu.« Es wirkte, und wir fühlten uns getröstet. Ein warmer Händedruck besiegelte dieses einfache und Wunder wirkende Ritual.

67. Schreibimpuls:

Loslassen und empfangen

Schreibe beim Betrachten dieses Bildes eine spontane Geschichte über »Loslassen und Empfangen«.
(Oder über Enten, die ein gelbes Fass bewachen …)

Imagination

»Was ist eigentlich Imagination?«, fragte Ute auf dem Rückweg.
»Wenn ich sage, dass ich imaginiere, bedeutet das nichts anderes, als dass ich mir etwas einbilde. Ich mache mir ein Bild. Das ist das, was wir die ganze Zeit über tun.« Die anderen grinsten mich an.
»Vielleicht sind wir jetzt ganz von Sinnen? Aber es macht Freude – es hält uns am Leben«, gab ich zu bedenken.
Dorothea erwiderte: »Wenn ich nach Hause komme, werde ich mir weiterhin etwas einbilden.«
»Ja, wir bilden uns!«
»Mit Bildern.«

68. Schreibimpuls:

Mein eigenes Ritual

Stelle dir vor, dass du an einem wunderbaren Tag einen Spaziergang machst. Während du die Natur mit allen Sinnen genießt, kommt dir an der schönsten Stelle etwas »in die Quere«.

Du kannst für deine Vorstellung das Bild benutzen. Vielleicht fällt dir auch spontan etwas aus deinem Leben ein, worüber du schreiben möchtest.

Mit welchem »Ritual« wirst du der Sache begegnen? Schreibe einen mutigen Text, und erfinde oder entdecke dein eigenes Ritual, mit dem du sie schreibend lösen möchtest.

13. Kapitel

*Das autobiografische Schreiben
eröffnet uns das Verständnis
der eigenen Lebensphilosophie.*

Mein Leben – Autobiografie

Inzwischen kannten wir die Höhen und Tiefen unserer einzelnen Lebenswege. Die Erinnerungen an Familie und gute Freunde hielten uns am Leben, und genau deshalb wollten wir sie auch wiedersehen. Alle waren damit einverstanden, dass wir dem Papier anvertrauten, was bisher nicht gesagt werden konnte.

Durch das Schreiben unserer Autobiografie öffnen wir den verloren gegangenen Erinnerungen einen Weg. Während wir in den verdunkelten Gängen der Vergangenheit manche Türen einen Spaltbreit öffnen, bringen wir Licht in die Geschehnisse. Durch das Ausleuchten von Schattenhaftem aus der Kindheit geschieht ein neues Verstehen auf der bewussten Ebene eines Erwachsenen.

Das Schreiben deiner Autobiografie wirkt wie ein Akt der Befreiung. Schreibe auf, was du über deine Kindheit denkst und fühlst. Schreibe auch darüber, dass du nicht das geworden bist, was deine Eltern aus dir machen wollten. Schreibe auf, was dich am meisten bewegt hat, worum du dir Sorgen gemacht hast. Oft kommt dadurch die Einsicht, dass vieles unnötig war, und dann kannst du hoffentlich darüber lächeln.

69. Schreibimpuls:

Selbstporträt

Wie hättest du gerne als Kind ausgesehen? Schreibe eine Geschichte über die Person, die du nicht sein konntest. Du kannst den Text auch erweitern, indem du ein Porträt über dich im jetzigen Lebensalter schreibst.

Alle Geschichten können »umgeschrieben« werden – auch die Dinge aus deinem Leben, die dir zu schaffen machen. Dadurch kannst du manches wieder »ins Lot« bringen, und immer wieder kommt ein Schub von Erinnerungen, die beachtet werden wollen. Wird das aufgeschrieben, geschieht erneut ein Stück Heilung. Oft kommen auch ungeliebte Dinge ans Licht, doch wenn sie anerkannt und benannt werden, kannst du dich von ihrer Macht befreien.

Stelle dir vor, wie das Lot wild in alle Richtungen pendelt. Warte einfach ab, bis es sich beruhigt. Du kannst es zu einem Navigationsgerät umfunktionieren. Wenn die Richtung nicht mehr stimmt, wenn alles durcheinandergeraten ist, dann kannst du genau diesen Punkt schreibend beleuchten und dadurch ausloten, du kannst zur Ruhe kommen.

70. Schreibimpuls:

Kindheit

Setze dich an deinen Schreibplatz, und werde still. Du kannst ein Fotoalbum aus deiner Kindheit vor dich hinlegen und wahllos darin blättern. Versetze dich zurück, und lasse die Erinnerungen hochkommen. Schaue die Bilder und Szenen an, und lasse auch die Gefühle zu. Vielleicht bleibst du bei einem bestimmten Bild hängen. Wahrscheinlich bist du auf ein Erlebnis gestoßen, das dich ganz besonders fesselt. Beginne mit einem einzigen Wort, das du ganz groß in der Mitte des Blattes platzierst. Jetzt fülle das Papier mit allem, was dir dazu in den Sinn kommt. Schreibe immer nur einzelne Wörter in das Cluster. Rufe dir Gefühle ins Gedächtnis, höre die Geräusche, nimm die Gerüche wahr. Wenn es dir zu viel wird, dann höre eine Weile damit auf, denn manches kann schmerzlich sein.

Du kannst zweierlei Texte daraus entwickeln:
1. Schreibe aus dem Blick des Erwachsenen, der du jetzt bist:
»Ich erinnere mich, dass ich damals …«
2. Schreibe aus dem Blick des Kindes, das du damals warst. Schreibe diesen Text in der Gegenwart, so, als ob alles gerade jetzt in diesem Augenblick geschähe:
»Mutti ruft gerade ganz laut aus dem Fenster …«

Lasse beide Texte drei Tage lang liegen, wie einen Teig, der erst einmal ruhen muss. Dann lies dir alles noch einmal durch, vergleiche die Texte miteinander, und entscheide, welcher dir besser gefällt. Beide können »richtig« sein. Sicher wirst du einen Unterschied in der Sprache entdecken. So lernst du nebenbei, dich auf mehreren Sprachebenen auszudrücken. Eine kindliche Sprache ist anders als die, die ein Erwachsener spricht.

Du kannst einen persönlichen Text »entfremden«, indem du ihn »entpersonifizierst«. Dabei musst du dich ein wenig davon entfernen, einen »Außenseiterstandpunkt« einnehmen. Dann kannst du so erzählen, als ob die Geschichte nichts mit dir selbst zu tun hätte. Diese Texte kann man auch in Romanen verwenden, denn Geschriebenes muss nicht immer beim Ich-Erlebnis stehenbleiben. Dieser Perspektivenwechsel benötigt einen gewissen Grad menschlicher Reife und kann nur geschehen, wenn ungute und negative Erlebnisse verarbeitet wurden.

Wahrscheinlich schreibst du deine Biografie für deine Enkelkinder oder andere Verwandte, sozusagen als Andenken an frühere Zeiten, die nicht vergessen werden sollen. Unsere Urenkel haben ja keine Ahnung, wie das damals gewesen ist, als wir noch …

Eine Autobiografie kann an jedem beliebigen Punkt beginnen. Es gibt tausend Möglichkeiten, in deine Erinnerungen einzutauchen, doch du beginnst immer mit dem ersten Satz. Du musst allerdings nicht in der Kindheit oder bei der Geburt starten, das käme einer Auflistung gleich. Am besten ist es, wenn du mit der Szene beginnst, die dich im Moment am meisten beschäftigt. Schreibe zunächst ohne Zensur – frisch und frei von der Leber weg.

71. Schreibimpuls:

Drei Familientiere

Denke an deinen Vater, an deine Mutter und an dich, als du noch ein Kind warst. (Wenn du bei einer anderen Person aufgewachsen bist, dann wähle diese.)

Welche Tiere fallen dir zu den dreien spontan ein? Du kannst sie malen (– es sieht ja niemand).
Schreibe einen Text über diese drei Tiere.

Variation:
Du kannst die Übung auch variieren. Welches Tier wärst du gerne, wenn du mit den beiden anderen zusammen bist? Denke dich in das Tier hinein, und schreibe einen Text über die »Familientiere«.

Viele Menschen sind erstaunt, wenn ich sage, dass sie nicht alles wahrheitsgetreu aufschreiben müssen, was sie erlebt haben. Es gibt eben einen Unterschied zwischen einer Autobiografie und einem Protokoll, das du natürlich wahrheitsgemäß verfassen musst; sonst glaubt dir niemand mehr etwas, und du kommst vielleicht mit dem Gesetz in Konflikt. Doch hier spreche ich vom kreativen Schreiben.

In einem Buch fand ich die zehn Gebote für das Schreiben, von denen das erste lautete: »Du sollst lügen.« Vielleicht stößt dieser Satz dir bitter auf, besonders, wenn du dazu erzogen worden bist, immer die Wahrheit zu sagen.

Wissenschaftler haben entdeckt, dass unsere Erinnerungen uns sowieso an der Nase herumführen. Erinnerungen wandeln sich mit der Zeit und sind immer subjektiv gefärbt von unseren Vorlieben und Gefühlen, die mit ihnen verbunden waren und sind. Unwillkürlich geben wir immer auch unsere eigene Interpretation hinzu. Deshalb strenge dich nicht zu sehr an, alles wahrheitsgetreu darzulegen.

Ute stotterte: »Ich kann das nicht vergessen, ich muss es doch sagen, aber ich kann das doch nicht aufschreiben …« Sie kämpfte mit den Tränen. »Dass mein Vater gewalttätig war und meine Tante einen Liebhaber hatte und dass Großvater ein alter Geizkragen war. Das kann ich nur euch sagen. Die Leute leben ja fast alle noch. Meine Verwandtschaft wäre stinksauer, wenn ich all das aufdecken würde, was da geschehen ist.«

*Manchmal
stehst du wie ohnmächtig
vor der Misere
deiner Familiengeschichte.*

»Muss ich wirklich nicht in allem die Wahrheit sagen?« Ilse saß ziemlich nachdenklich auf ihrem Holzklotz.
»Ich frage dich, Ilse, was ist die Wahrheit? Jeder sieht ein Ereignis anders, immer von seiner eigenen Warte aus. Alle unsere Erinnerungen sind durch unsere Vorlieben und Meinungen geprägt. Während du dich mit deiner Lebensgeschichte auseinandersetzt, darfst du mit ruhigem Gewissen deine Version erzählen. Nimm dir dieses Recht. Ob du den Text veröffentlichst, das ist eine andere Sache. Sei vorsichtig damit, wenn du Angst hast.«

72. Schreibimpuls:

Die Geburtstagsfeier

Du hast bestimmt Erinnerungen an mehrere Geburtstage. Schreibe eine Geschichte von einem ganz besonderen Geburtstag, von einem, den du nie vergessen wirst.

In deiner Autobiografie brauchst du negative Dinge nicht schönzureden, du darfst ruhig deine Gefühle mitteilen, musst jedoch bei deiner Sicht der Dinge bleiben. Wenn du dabei ehrlich und aufrichtig bist, ist das legitim.

Ein Beispiel: Wenn du beschönigen willst, was deine Schwiegermutter dir angetan hat, dann entspricht dein Text nicht mehr den Tatsachen. Doch wenn du schreibst: »Meine Schwiegermutter, dieses Mistvieh, gehört eigentlich in die siebte Hölle. Dort soll sie in alle Ewigkeit braten«, dann ist dies eine sprachliche Entgleisung und sicher eine Beleidigung. So etwas könnte – wenn dein Text öffentlich wird – als Rufmord geahndet werden.

Doch nach meiner Erfahrung beschönigen die meisten Schreibenden ihre unschönen oder schlimmen Erlebnisse in Familiensituationen, um andere zu schonen. Auf jeden Fall solltest du beim ersten Aufschreiben – das man als Skizze oder einen Entwurf bezeichnen kann – alles tatsächlich Geschehene »beim Namen nennen«. Das darfst und musst du sogar tun, um den Schmerz über das Geschehene zu entlasten und aufzulösen. Schreibe es auf, wenn dein Mann dich mit deiner besten Freundin betrogen hat. Oder dass du nie verstanden hast, warum dein Vater abgehauen ist, als du klein warst, und sich nie mehr um dich gekümmert hat.

Denke aber immer daran, dass nicht jeder Text für die Öffentlichkeit bestimmt ist. Vieles gehört einfach nur dir. Du schreibst es für dich und für deinen Weg zur Ganzwerdung! Wenn andere es lesen, kann es für sie eine Hilfe sein, aber darum musst du dich nicht kümmern, weil du beim Schreiben immer bei dir selbst bleiben musst.

Du kommst nicht weiter,
wenn du immer nur der Vergangenheit,
dem Vater oder der Mutter
die Schuld an allem gibst.

73. Schreibimpuls:

Tischgespräche

Erinnere dich an die Mahlzeiten in deiner Kindheit: an den Tisch, das Essen, an die Personen, die immer dabei waren, und vor allem an die Tischgespräche. Schreibe dazu einen Text.
Variation: Hier stelle ich einige Wörter zur Verfügung. Nimm mehrere oder alle davon, und verwende sie für deinen Text. Selbstverständlich kannst du dir auch eigene ausdenken.
Experte – lustig – Vater – still sein – verändern – Angst – Boss – anpassen – Opfer – lügen – Machtkampf – Mutter

Du kannst die Wörter nehmen und sie in einem Text mit den Tischgesprächen verbinden.

Alles, was dir wichtig erscheint, was beim Schreiben deiner Autobiografie an die Oberfläche des Bewusstseins dringt, das will »erlöst« oder »gelöst« werden. Wir alle haben Schattengewächse im Untergrund – Dinge, die wir nicht erleben wollten, die wir auch nicht anschauen möchten, die wir nie verarbeitet haben. Diese Geschichten schwelen da unten, siechen oder faulen und drängen zu gewissen Zeiten an die Oberfläche. Wie ein Vulkan kann eines Tages das ganze Gebilde unseres Lebens explodieren.
So oft hören wir von netten, stillen, unauffälligen jungen Menschen, die nie einer Fliege etwas zuleide getan haben.

Und dann passiert es ganz plötzlich: ein Mord, ein Amoklauf. Dann fragen sich die Leute »Wie konnte ein 17-Jähriger seine Familie, seine Kameraden umbringen?«.

Wenn es bei dir schwelt und der Druck ziemlich groß ist, kannst du der Explosion zuvorkommen, indem du die Vorboten erkennst. Wenn beispielsweise Gereiztheit, Unzufriedenheit, Wut, Hass oder das Gefühl von Sinnlosigkeit sich in dir breit machen. Vielleicht strengst du dich an und ruderst gegen Wind und Wellen, doch immer noch ist kein Land in Sicht. Spätestens jetzt solltest du mit dem Schreiben beginnen.

Beim Lesen meiner eigenen Texte bin ich oft erstaunt und merke: Was ich da für andere geschrieben habe, das gilt auch für mich.

Gefühle als Ursprache unserer Seele vermitteln uns wichtige Botschaften über unseren Zustand, und – wenn wir feinfühlig geworden sind – auch über den unseres Gegenübers. Du kannst lernen, in einen Text hineinzufühlen. Texte können düster und traurig sein, leicht oder glücklich, lustig und stark, sie können uns motivieren und Mut machen.
Da jedoch die meisten von uns den Zugang zu diesem Urzustand der Einheit mit dem Leben verloren und vergessen haben, verwechseln wir echte und tiefe Gefühle mit momentanen Emotionen. Dies sind oft verdrängte Fratzen und verborgene Gestalten, die uns etwas vormachen wollen, sodass wir uns hilflos oder als Opfer fühlen. Das ständige Gefühlskarussell rührt von den verdrängten und beängstigenden

Erfahrungen von damals her, die wir ins Dunkel verdrängt haben. Bei bestimmten Gelegenheiten kommen sie mit all ihrer Macht hervor und wirken sich zerstörerisch aus.

Es erfordert Mut, die ganze Bandbreite unserer Gefühle anzunehmen. Nur, wenn wir uns ohne Zensur an unsere Vergangenheit erinnern, stimmt unser Selbstbild mit unserem wahren Selbst überein.

Beim Schreiben werden wir uns manchmal auch mit unserer Angst befassen müssen. Vielleicht können wir den Grund der Angst nicht benennen, doch wenn wir uns in die dunkle Nacht der Seele wagen, erkennen wir, dass auch diese nur aus Schatten besteht, und akzeptieren letztendlich ihre Berechtigung. Während wir uns der Urangst und unseren ungeliebten Seiten stellen, verwandelt sich ihre dunkle Energie in Mut und Kraft.

Negative Emotionen erfahren wir meistens plötzlich. Sie lodern auf, und wir beginnen, darüber zu schreiben. Diese Texte werden zu einer Art »Befreiungsaktion«. Du kannst deine Gefühle aus dem Gefängnis der Vergangenheit herausholen und befreien.

74. Schreibimpuls:

Familiengeheimnisse

Schreibe einen Text mit der Überschrift »Unsere Familie hatte ein Geheimnis«.

Es gibt in fast jeder Familie etwas, worüber man nie reden durfte, oder etwas, was einem als Kind sehr geheimnisvoll erschien und wovon man später erkennt, dass es bloß ein »Hirngespinst« war. Du kannst auch ein solches Geheimnis erfinden und es mit vagen Erinnerungen ausschmücken.

Nach dieser Schreibübung brauchten alle eine lange Pause, denn jeder war mit seinen Gedanken bei einem ganz bestimmten Ereignis steckengeblieben. Manche liefen umher, drehten ihre Runden, doch jeder blieb für sich allein und in sich schauend. Auch wollte niemand seinen Text vorlesen, wie es sonst üblich war, und das war in Ordnung so. Manche Dinge kann man auch für sich behalten.

»Und wir, wir schreiben es für uns. So werden wir überleben.« Ute hatte den Punkt getroffen.
Doch Dorothea meinte: »Und wenn wir dann tot sind, juckt es uns nicht mehr, wenn die Lebenden das lesen.«
»Ja, dann wird es egal sein, was die anderen von mir denken.«
Annelie sagte noch, dass ihr Leben so interessant sei, dass ein ganzes Buch daraus entstehen könnte.
»Das glaube ich dir schon, aber weißt du, es ist nicht so leicht, die Leser zu finden, denn es gibt so viele Autobiografien wie es Menschen gibt. Wer von den Millionen Lesenden interessiert sich dafür, ob du einen Hund hattest, der Jollie hieß und der in deinem Garten unterm Zwetschgenbaum begraben liegt? Für das Leben eines Durchschnittsmenschen interessiert sich niemand.«
Als ich das sagte, hoffte ich, dass sie nun nicht beleidigt wäre.

Es gibt einen Ort in uns,
wo alle unsere Erlebnisse gesammelt,
geordnet und für uns aufbewahrt liegen.

Mit der Zeit kommen in deinem Leben und in deinem Schreiben immer mehr tiefe und wahre Gefühle zum Vorschein, die beim Leser tatsächlich einen bleibenden Eindruck hinterlassen. Dann wirst du in deinen Texten nicht mehr klagen und anklagen oder jammern und verdammen. Du wirst Frieden gemacht haben mit dem, was hinter dir liegt.

Anregung

Zwecks der Übersichtlichkeit kannst du deine autobiografischen Erinnerungen in verschiedene Kapitel aufteilen. Mache dir eine Liste mit den großen Themenbereichen, die dir dazu einfallen.

Schmücke deine Autobiografie mit alten Fotos. Du kannst deine Texte in einem Kopiergeschäft vervielfältigen und mit einem schönen Einband versehen lassen. Es gibt viele Möglichkeiten, Familienangehörige oder dich selbst damit zu erfreuen.

75. Schreibimpuls:

Schlüsselereignisse

Hier einige Vorschläge, mit deren Hilfe du deine Autobiografie skizzieren kannst. Unterteile dein Leben in sogenannte Schlüsselereignisse:

- Schule/Berufswahl/Ausbildung
- Karriere
- Erfolge und Niederlagen

- Freundschaften
- Liebschaften
- Scheidung

- Ein Tod in der Familie
- Religiöse Krisen

Du kannst die Liste nach Belieben ergänzen und weiterführen.

Wir hatten einen alten knochigen Baum zum Schreibplatz erkoren. Seine Wurzeln breiteten sich bis zu dreißig Meter weit unter und über dem Boden aus.

> Die Menschheit ist so ein Baum. Und auch jedes Volk, jede Kultur und deine Familie – und auch du selbst. Du kannst jetzt einen Baum malen, mit Ästen und Zweigen. Wie tief sind seine Wurzeln? Hat er Blüten, Blätter oder Früchte?

Wir malten. Jeder seinen eigenen Lebensbaum.

76. Schreibimpuls:

Baum und Wurzel

Schreibe einen »Baumtext« oder einen »Wurzeltext«. Vielleicht hast du auch Zeit und Lust, einen Stammbaum von deiner Familie zu erstellen. Aber das ist viel Arbeit und ein anderes Thema ...

Auf eine gewisse Art und Weise war dieser Tag der schwerste gewesen. Viele Tränen waren geflossen, und einer vom anderen getröstet worden. Trotzdem hatte ich ein gutes Gefühl, denn ich wusste, dass die Schreibtiefe zugenommen hatte und manches zu einem Durchbruch gekommen war.

Wir hatten erkannt, dass wir alle in einem Boot saßen und dass gleichzeitig jeder seinen eigenen Weg gehen musste, einen Weg, den jeder von uns mutig zu Ende gehen würde. Wir spürten aber auch diese innige Gemeinsamkeit, das Wissen, dass keiner alleingelassen würde. Das Schreiben hob uns auf eine neue Ebene. Wir sahen die Dinge sozusagen mit Abstand und von einer anderen Warte aus.

14. Kapitel

*Der kreative Ausdruck
suct beständig, eine Antwort
auf die Rätsel dieser Welt zu geben,
all das Unvollendete zu vollenden.*

Kreativität

Unsere Wanderlust kehrte zurück, und wir beschlossen, gleich nach dem Frühstück loszuziehen. Dass wir beim Gehen unsere Ideen für neue Texte fanden, war ein angenehmer Nebeneffekt. Das Schreiben hielt uns am Leben, und neue Hoffnungen keimten in uns wie winzige Samen. Es gab auch noch ein Leben außerhalb der Einschränkung, der wir gerade unterworfen waren.

Matthias ging ein Stück vor uns. Er hatte sich einen Stock mit ein paar Einkerbungen darin geschnitzt. Wir wussten nicht, was die Zeichen bedeuteten, und ich dachte an den Tag, an dem wir über Symbole gesprochen hatten. Laute und schrille Pfiffe tönten durch das Dickicht, in dem er vor einiger Zeit verschwunden war. Beim dritten Pfiff riefen wir anderen wie aus einem Munde: »Wir kommen!«

Mit weit geöffneten Augen standen wir sprachlos vor einer flachen Ebene. Die grüne Wiese war voller üppiger Büsche, an denen rote und blaue Früchte hingen, die hell in der Sonne leuchteten. Felsbrocken in allen Größen lagen verstreut herum, und Dorothea rief aus: »Das erinnert mich an Stonehenge.« Andächtig schauten wir umher und tauchten ein in die unendliche Stille dieses Ortes.

Matthias zeigte mit der rechten Hand wortlos in alle vier Himmelsrichtungen, mit der anderen Hand machte er ein Zeichen, dass wir uns ruhig verhalten sollten. Nun sahen auch wir, dass rundum ein Erdwall aufgeschüttet war. Er sah aus wie die hohle Hand eines Riesen, in der dieser die Wiese hielt. Wir liefen zum Rand hinüber und ein paar Schritte nach oben. Eine weite Sicht tat sich dahinter auf, der Blick glitt über ein Tal mit einem weiß schimmernden Flusslauf. »Hier müssen wir schreiben«, flüsterte ich in die Stille hinein.

Wir bringen beim kreativen Schreiben Orte, Steine, allerlei Gegenstände, Tiere, Pflanzen oder Bäume zum Sprechen. Dabei müssen wir uns in »das Ding« hineinversetzen. Wie fühlt sich ein Stuhl, wenn wir uns draufsetzen? Oder was denkt der Pfau, wenn er sein Federkleid präsentiert? Wir brauchen uns nicht vor solchen Ideen zu fürchten, denn sie erschaffen ausgefallene Texte aus einer ungewöhnlichen Sicht.

Wer schreibt, sieht die Welt
anschließend anders als zuvor.

Ständig erschaffen wir uns eine neue Welt, handeln mit der verschwenderischen Vielfalt von Wörtern, übernehmen die Verantwortung für unsere Figuren und machen uns die Schreib-Erde untertan. Wir lassen am Wegrand die Blumen blühen und wieder verwelken, wir erschaffen Begegnungen mit Menschen, die es gar nicht gibt. Wir spielen mit dem Glück und dem Leid der Kinder und finden jedes Mal einen Ausweg. Wir graben in der Erde, entdecken Schätze – und manchmal auch nur einen Regenwurm. Das ist die Macht des Schreibenden.

77. Schreibimpuls:

Anfangs- und Schlusssätze

Wenn du wieder einmal nicht weißt, wie du eine Geschichte beginnen sollst, dann gibt es die wunderbare Möglichkeit, mit Anfangssätzen zu arbeiten. Da du ein Schreiber oder eine Schreiberin bist, nehme ich an, dass du auch ein Leser oder eine Leserin bist und einige Bücher besitzt, denn das Lesen ist für einen Schriftsteller genauso wichtig wie das Atmen. Natürlich kannst du für diese Übung auch in eine Bibliothek gehen und dort nach Herzenslust nach Anfangssätzen stöbern. Schreibe dir eine ganze Liste davon auf, und nimm den ersten Satz eines Romans oder einer Erzählung als deinen Textanfang. Du kannst diesen Satz natürlich auch ein wenig verändern, damit du keinen Ideenklau begehst.

Variation

Verwende zum Schreiben den Schlusssatz eines Romanes.
Beide Sätze kannst du auch miteinander vermischen, kannst variieren oder den Anfangs- und Schlusssatz von zwei verschiedenen Romanen verwenden. Deiner Fantasie sind keine Grenzen gesetzt. Dabei erkennst du, dass der erste und der letzte Satz einer Geschichte besonders wichtig sind. Dies ist ein Spiel mit Worten, ein Anreiz zu neuen Sätzen mit Bildern und ausdrucksvollen Geschichten.
Falls du gleich damit beginnen willst, stelle ich dir hier einige Sätze, die ich wahllos aus Büchern gefischt habe, zur Verfügung:

In dieser Nacht begannen die seltsamen Träume. Ich konnte nicht einschlafen. Ich zog mir die Decke bis unters Kinn und blieb starr und reglos liegen.

»Oh mein Gott, nicht schon wieder!«, rief ich mit Entsetzen.

Der Raum zwischen den beiden Männern schien elektrisch geladen.

»Nein«, rief ich, »das kannst du nicht von mir verlangen.«

Ich wusste nicht mehr, wie lang ich so im Wasser schwebte, als ein kalter …

»Warum gerade ich?«, schrie ich ihn an.

Ich setzte mich und aß gierig einen Apfel. Noch nie zuvor war ich allein …

So stand ich ein paar Minuten und starrte die Tür an, bis mir klar wurde, dass mir nichts anderes übrig blieb, als …

Agnes legte mir die Hand auf die Schulter und sagte: »Komm jetzt, du wirst wieder zurückfahren.« »Wie kann ich zurückfahren?«, fragte ich. »Ich habe ihn doch noch nicht gefunden.«

Es rutschte ihm einfach so heraus. Sie duckte sich, als würde sie eine Ohrfeige bekommen. Nach so vielen Jahren immer noch diese hässlichen Entgleisungen.

Einfache Worte haben große Kraft. Es geht nicht darum, dass du dich geschwollen, salbungsvoll, unnatürlich oder künstlich ausdrückst. Wenn ein Wort gut gewählt ist, trifft es den

Leser im Herzen. Wählen kann aber nur derjenige, der über einen reichen Wortschatz verfügt.

Abstrakte Aussagen wirken nüchtern und blass auf den Leser. Abstrakte Aussagen klingen oft »geschraubt«, sie sind zu hoch, nicht erreichbar. Gegenständliche Wörter sind anschaulich, treffend und lebendig. Du gewinnst den Leser eher mit klaren und einfachen Worten.

Man spricht oft vom »Klangwert« der Wörter. Mit Klang und Rhythmus kannst du die Gefühle wie Saiten erklingen lassen. Mit hellem Klang (zum Beispiel mit vielen »e« und »i«) schaffst du helle und heitere, mit dumpfem Klang (zum Beispiel mit vielen »o« und »u«) betrübliche oder unheimliche Stimmungen.

Wir fühlten uns den ganzen Tag wie auf einem anderen Planeten. Daraus entstand die Idee für die folgende Übung.

78. Schreibimpuls:

Flug ins Weltall

Betrachte das Bild, und stelle dir folgende Fragen: Wohin willst du fliegen? Bist du aufgeregt? Wer ist dabei? Welchen Sinn hat diese Reise? Willst du etwas lernen? Was ist deine Aufgabe? Beginne deine Geschichte mit den Worten »Zu viele Knöpfe«.

Kein Mensch erlebt in seinem Leben
die gleichen Ereignisse
in derselben Reihenfolge
wie ein anderer.
Ray Bradbury[20]

Zu viele Worte sind zu viel, deshalb beschränke dich. Gehe mit kleinen Schritten voran, und nimm dir immer nur ganz wenig vor. Auch wenn du einen großen Stoff vor dir hast, gönne dir Ruhepausen. Wenn du etwas beschreiben willst, dann richte den Blick wie durch eine Linse nur auf ein Detail. Nimm nicht ein ganzes Jahr, sondern eine Stunde daraus. Nimm nicht ein ganzes Land, sondern beschreibe einen Garten, nicht eine große Stadt, sondern einen besonderen Platz. Wenn du über einen »wunderbaren Blumenstrauß« schreibst, bekommt der Leser zu wenige Informationen. Nennst du jedoch die Blumen beim Namen und bezeichnest ihre Farben, dann lässt du im Leser ein Bild entstehen. Verwende so wenig wie möglich Sammelbegriffe. Wenn du von »vielerlei Insekten« erzählst, ist das zum Beispiel solch ein Sammelbegriff. Schreibe lieber von »Spinnen und Kakerlaken« als von »Ungeziefer«. Oder du verwendest einen Garten, in dem »Unkraut« wuchert. Schreibe lieber von »Brennnesseln« und »Disteln«. Dadurch entsteht ein genaues Bild, das der Leser sich vorstellen kann.

Kommentiere und erkläre nicht, was du sagen willst. Wenn das Geschriebene nicht durch sich selbst überzeugt, dann nützen auch deine Erklärungen nichts. Der Leser mag durch deinen Text nicht belehrt werden.

---

20 Bradbury, Ray: *Zen in der Kunst des Schreibens.* Berlin: Autorenhaus-Verlag, 2003

Die Aufrichtigkeit, mit der ich
meine Figuren sprechen und handeln lasse,
regt die Menschlichkeit im Leser an.

Unter einem der Felsen sah ich etwas hervorblitzen. Ein Stück Pergament mit ungewöhnlichen und undefinierbaren Zeichen. Nachdenklich kehrte ich zu der Gruppe zurück und reichte es den anderen wortlos.

»Kommt, wir schreiben darüber, sicher liegt darin eine Botschaft verborgen, die wir entschlüsseln können.«

79. Schreibimpuls:

Das pure Chaos

Blicke über die folgenden Zeilen, und schreibe einen Text. Du glaubst nicht, dass das funktioniert? Probiere es aus.

/9j/4AAQSkZJRgABAQEAYABgAAD//gAcU29mdHdhcmU6IE1p
Y3Jvc29mdCBPZmZpY2X/2wBDAAoHBwgHBgoICAgLCgoLDh
gQDg0NDh0VFhEYIx8lJCIfIiEmKzcvJik0KSEiMEExNDk7Pj4+JS5E
SUM8SDc9Pjv/2wBDAQoLCw4NDhwQEBw7KCIoOzs7Ozs7Oz-
s7Ozs7Ozs7Ozs7Ozs7Ozs7Ozs7Ozs7Ozs7Ozs7
Ozs7Ozs7Ozs7Ozs7Ozs7Ozv/wAARCAEBAOMDASIAAhEBAx
EB/8QAHAAAAAcBAQAAAAAAAAAAAAAAAAAECAwQFBgcI/
8QANxAAAQQBAwIFAwMCBQUBAQAAAQACAxEEBRIhMUE-
GEyJRYQcycRSBkSNCFVJiobEkM4LB0WNy/8QAGgEAAwEBAAAA-
QAAAAAAAAAAAAAgMAAQQFBv/EACQRAAICAgMBAAAI-
DAQEAAAAAAABAhEDIQQSMUETIjNRYTJC/90ABAAo/9oAD
AMBAAIRAxEAPwDqlJR2kN6i0TKFB1l91hIQUIOAoxyUhGoQV/
P8oX+f5RBEVTIKP7/yhz8/ykhGoQPn5/lF+xRIKEDtESitFahA74TO
RkxYsD5ppAxjBZJPCc+3+3+3

Schreiben ist Lieben. Wir alle lieben. Wir lieben einen Menschen, einen Gegenstand, eine Landschaft oder etwas, was wir tun. Beim Schreiben entdecken wir die Welt der Liebenden und Leidenden. Wenn die Liebe in einem Roman fehlt, fehlt das Wesentliche. Darum gibt es auch Abertausende Bücher über dieses Thema. Doch was ist die Liebe überhaupt? Nicht einmal die Philosophen können es uns sagen. Liebe kann man spüren, sie ist Glück, Freude, Genuss und Leid. Liebe bekommst du nicht ohne Leid. Deshalb haben so viele Menschen Angst vor der Liebe.

80. Schreibimpuls:

Liebe und Angst

1. Schreibe Sätze, die mit »Ich liebe …« beginnen. Sei nicht sparsam damit. Nenne alles, was dir einfällt, auch das Unmögliche.
2. Entdecke zu den Dingen, die du oben geschrieben hast, die Angst, die damit verbunden ist.

Suche dir eines der Themen aus, und schreibe einen Text über diesen Konflikt.

Wir alle nehmen die Dinge aus unserer eigenen, oft viel zu kleinen Welt heraus wahr. Es ist deine Erfahrungswelt, und keiner weiß, ob der andere die Farben Rot oder Blau genau so sieht wie er. Deshalb ist Schreiben mit Bildern eine spannende Sache. Du siehst ein Bild aus einer anderen Perspektive als dein Nachbar. Deshalb können sich aus einem einzigen Bild unzählige Geschichten ergeben. Selbst dieselbe Person kann

zu einem anderen Zeitpunkt im selben Bild etwas anderes
sehen.

*Das Sehen ist immer subjektiv
und kann nie »falsch« sein.*

So ist es auch mit den Büchern, die wir lesen. Eine Freundin
empfiehlt ein Buch und ist ganz begeistert davon, doch du
legst es nach einigen Seiten enttäuscht zur Seite und fragst
dich, was ihr daran so gefallen hat. Zwei Jahre später nimmst
du vielleicht dasselbe Buch wieder zur Hand, und siehe da,
jetzt bist du bereit, die darin liegende Botschaft zu hören
oder zu sehen. Auf einmal gefällt dir die Lektüre, sie vermittelt dir eine wichtige Botschaft, weil du jetzt bereit dazu bist.

81. Schreibimpuls:

Spiegelungen

Betrachte das Bild, und schreibe einen Text mit der Überschrift »Spiegelungen«.

»Wenn ich wieder zu Hause bin,
dann …« So begannen fast alle
Sätze in diesen Tagen.
»Wenn ich wieder zu Hause bin,
werde ich mir den neuesten Bestseller kaufen.«
»Wenn ich wieder zu Hause bin, werde ich viel bewusster leben.«

Schreibe du doch jetzt diesen Text: »Wenn ich wieder zu Hause bin, …«

82. Schreibimpuls:

Raus oder rein

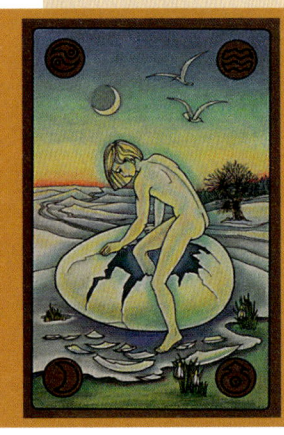

Beim Betrachten dieses Bildes kommen jedem Menschen andere Gedanken. Folge deinem inneren Eindruck, und schreibe einen Text dazu.

*Wenn ein Buch
als Bestseller gepriesen wird,
heißt das noch lange nicht,
dass es dir gefallen muss.*

Nicht jedes Buch ist für mich bestimmt, manches gute Buch spricht mich vielleicht überhaupt nicht an. Vertraue immer deinem eigenen Gefühl, denn du musst dich nicht dem Geschmack der Allgemeinheit anpassen.

Ich habe manches unbekannte Buch gelesen, das mein Leben umgekrempelt hat und das ich nie wieder vergessen habe. Vielleicht hatte es lange keinen Verlag gefunden, doch für mich war es wichtig, dass mich die Botschaft erreichte. Die Worte trugen Früchte, denn der Same fiel auf meinen Herzensboden. Worte finden ihren Leser.

Zu lernen, »wie man es macht«, eine bestimmte Technik anzuwenden oder viel Wissen über das spannende Schreiben zu sammeln – all das hilft nur »ein bisschen«. Der Schlüssel zur Energie der Kreativität ist die Hingabe an das, wofür man innerlich brennt. Es ist nicht wichtig, welche Form du entwickelst, ob du singen willst, tanzen, malen oder schreiben. Es ist einfach eine Öffnung für das Leben, das sich in dir regt, das zum Ausdruck drängt. Du kannst Malen und Schreiben als eins ansehen, eine künstlerische kreative Tätigkeit.

Was immer du mit großer Hingabe tust, bewirkt Freude und Freiheit. Wenn deine Freiheit auf das Papier zu fließen beginnt, bist du schöpferisch. Der Tänzer entwickelt seinen eigenen Rhythmus im Tanz der Geschichte. Kreativität ist eine innere Einstellung zu der Energie, die sich ausdrücken will.

Daniel Goleman erwähnt in seinem Buch **Kreativität entdecken**[21], dass wir unser Bewusstsein zunächst ganz leer machen müssen. Wir verbinden uns sozusagen aus dem Zustand eines unbeschriebenen Blattes mit der Kreativität, wodurch etwas ganz Neues erschaffen wird. Dieses Erlebnis ist manchmal so einschneidend, dass es das ganze Leben umkrempelt.

Nachdem wir die Ergriffenheit zugelassen haben, die dieser Anfang auslöst, beginnen wir, die Impulse aufzunehmen. Wir vertiefen die Ideen, verschaffen uns weitere Informationen und verbinden die einzelnen Motive miteinander. Zunächst sollten wir alles geschehen lassen und das Schreiben keiner Selbstzensur unterwerfen. Dabei können wir in einen Schaffensrausch geraten, in dem uns »die Muse küsst«.

Die weitere Entwicklung des Textes ist dann manchmal sehr mühsam, frustrierend und sogar qualvoll. Wir pendeln in unentschlossener Zerrissenheit hin und her, schreiben zwi-

---

21 Goleman, Daniel: *Kreativität entdecken*. München: Hanser, 1997

schen Frustration und Euphorie und halten uns durch das Wissen am Leben, das Ziel erreichen zu können. Die Erinnerung an den Musenkuss erhält unsere Motivation. Immer wenn wir die Dunkelheit angenommen und akzeptiert haben, bricht ein neuer Tag an und erquickt uns mit seinem kreativen Licht. Der Text fließt wieder aus lebendigen Quellen, bis er zu einem reißenden Strom angewachsen ist und an sein Ziel gelangt.

Je länger wir die trockenen Zeiten ausgehalten haben, desto leichter fällt es uns, trotz aller Hindernisse weiterzuarbeiten. Sie werden zu einem vertrauten Bestandteil des Schaffensprozesses. Die Leidenschaft lässt uns trotzdem nicht los, die tiefe Befriedigung, die den Weg des Schreibens begleitet, belohnt uns für unser Durchhalten.

Matthias holte einen verdreckten Kalender hervor und rechnete, wie lange unser Vorrat noch reichen würde. Unwillkürlich schauten wir auf die einzige Armbanduhr, die heil geblieben war. Meistens trug ich sie, Pünktlichkeit konnte ich mir nicht abgewöhnen. Überhaupt liebte ich Zahlen.

83. Schreibimpuls:

Zusammenfügen

1. Betrachte das Bild, und schreibe dazu einen Text mit dem Wort »loslassen«.
2. Verknüpfe das Bild jeweils mit einem anderen Wort. Zum Beispiel »wunderbar« oder »Furcht«.

Durch mehrere Übungen mit demselben Bild entstehen verschiedene Interpretationen und damit ganz andere Geschichten. Vergleiche nach dem Schreiben deine Texte zu jedem der drei Wort-Bilder miteinander. Vergleiche auch deine Gefühle, wenn du hinterher diese drei Texte liest.

An dem Beispiel erkennst du, dass wir zu jedem Bild, das wir sehen, eigene Worte wählen können. Tausende von Möglichkeiten stehen uns offen durch das »Schreiben mit Wort und Bild«.

»Ich finde, dass die Zeit wie im Flug vergangen ist – wenigstens heute«, sagte Dorothea auf dem Rückweg. »Ich habe schon wieder eine Idee zu einem neuen Text. Hoffentlich reicht das Papier.«
»Vielleicht sollten wir unter dem Felsen weitersuchen.«

15. Kapitel

Der Anfang aller Erkenntnis ist Staunen.
Aristoteles

Aufbau von Geschichten

»Wir wollen eine Übung zur allgemeinen Erheiterung machen«, sagte ich spontan nach unserem kargen Frühstück. Ilse zuckte wortlos mit den Schultern, und Annelie meinte, sie müsse erst eine rauchen gehen, und verschwand hinter einer Blechwand.

Ich nahm das Kartenset mit 78 Bildern in die Hand, mischte sie und legte sie verdeckt auf eine rostige Platte, die uns die ganze Zeit als Tisch diente. Zuerst suchte ich eine Karte aus, auf der eine Person zu sehen war. Wir gaben ihr einen Namen, das würde unser Protagonist sein, die Figur, die uns durch die ganze Geschichte führen würde, sozusagen die Hauptperson. Selbstverständlich könnte es auch ein Tier oder ein ganz bestimmter Gegenstand sein, der natürlich dann auch sprechen würde.

Übung: Freies Erzählen

Der Erste beginnt zu erzählen »Es war einmal …« und sagt ein bis zwei Sätze über das, was er auf der Karte sieht. Dann nimmt im Uhrzeigersinn nacheinander jeder verdeckt eine Karte dazu und spinnt die Geschichte weiter. Immer nimmt der Nächste eine weitere Karte und knüpft am vorigen Satz an, auch wenn ein Bruch in der Geschichte entsteht.

Dieses freie Erzählen schult die Spontaneität und die Fantasie. Wir erleben dabei, dass die Reise unseres Helden ständigen Wendungen unterzogen wird. Wir müssen unsere Geschichte anpassen, auch wenn wir meinen, dass das nächste Bild überhaupt nicht passt. Die letzte Karte bildet den Schluss und ist insofern wichtig, weil der Letzte in der Runde das Ende auf einen Nenner bringen muss. Ein Schluss sollte immer stimmig sein, und in dieser Übung ist ganz bestimmt ein überraschendes Ende vorprogrammiert.

84. Schreibimpuls:

Spaß mit Zahlen

1. Jeder in der Gruppe denkt sich ein Wort aus und schreibt es auf einen Zettel.
2. Wir einigen uns auf eine bestimmte Zahl zwischen Eins und einer Million.
3. Jeder Text wird mit dem Wort und dieser Zahl geschrieben.
Diese Übung fördert das kreative Denken und die Vorstellungskraft, weil wir eventuell genötigt sind, einen Text über 36000 Vögel, Wassergräben oder Großmütter zu schreiben.

Mit Entwürfen arbeiten

Bei Kurzgeschichten empfehle ich, zunächst einfach draufloszuschreiben. Doch besonders bei größeren Projekten wie Romanen oder längeren Erzählungen ist es durchaus wichtig, sich zuerst eine gut durchdachte Übersicht zu verschaffen. Hier solltest du dir zu Anfang überlegen, was du dem Leser mitteilen möchtest. Was ist das Thema? Worum geht es? Was willst du beweisen oder mitteilen? Manch ein Schreibender fühlt sich sicherer, wenn er den Lauf der Geschichte gleich zu Anfang festlegt und eventuell sogar schon das Ende weiß. Doch kreative Impulse sollten dadurch nicht verlorengehen!

Entwickle vor dem Schreiben einer Geschichte einen Protagonisten und seinen Gegner, den Antagonisten. Die Ziele der beiden sind entgegengesetzt. Es ist ein Klischee, wenn wir meinen, der eine davon muss »der Böse« sein. Jeder hat beides in sich – Positives und Negatives. Die beiden verfolgen ganz einfach zweierlei Ziele, und das führt unweigerlich zu einem Konflikt.

Wir müssen die Absicht der Hauptfiguren kennen, weil die ihre Handlungen motiviert. Alles muss auf dieses Ziel hinführen. Denke auch über die Art und Weise nach, wie deine Figuren sprechen und sich unterhalten, jeder von beiden sollte individuelle Vorlieben haben und seine eigene Art zu sprechen. Vielleicht sagt einer vor jedem zweiten Satz »hm, hm«.

Dann kannst du dir noch ein paar Nebenfiguren erschaffen. Das sind Freunde und Helfer, die auch miteinander in Verbindung stehen können. Oft ist der Gegner superintelligent oder besonders stark und macht dann einen Fehler mit fatalen Folgen.

Der Plot

Hier gebe ich dir noch ein paar wichtige Hilfestellungen für die Vorbereitung eines längeren Textes. Zu dessen Entwicklung kannst du einen Plot erstellen. Das englische Wort *plot* bedeutet Parzelle, Fleckchen Land, auch Plan oder das Aufzeichnen einer Landkarte (*to plot down*).

Der Plot ist eine Konstruktion der grundlegenden Idee, ein Muster für eine Handlung oder eine Figur. Wir machen eine Landkarte von unserer Geschichte, erstellen das Grundgerüst unseres Textes.

Dabei kannst du die klassische Dreiteilung wählen, die wir auch in Dramen und Opern finden:

Der *erste Teil* ist die Einführung.

Der *zweite Teil* die Durchführung – der Wendepunkt in der Geschichte.

Der *dritte Teil* bringt die (überraschende) Lösung.

Mache dir bei der Skizzierung des Plots Folgendes klar:

▸ Was ist die Absicht des Protagonisten, des Helden?

▸ Was will er erreichen oder tun?

▸ Was steht der Motivation im Weg?

▸ Was plant er, um seine Absicht zu verwirklichen?

Nimm zu diesen Fragen auch den Antagonisten, und stelle dieselben Fragen an ihn.

▸ Worin besteht der Hauptkonflikt der Geschichte?

▸ Was sind es für Veränderungen, die die Personen im Verlauf der Geschichte durchmachen?

▸ An welcher Stelle fängst du an? (Du kannst zum Beispiel mitten in einer brenzligen Situation einsetzen.)

▸ Was ist der Höhepunkt der Geschichte?

▸ Womit endet die Geschichte?

Während dieser vorläufigen Ausarbeitung kannst du dir die wesentliche Frage stellen:

▶ Was will ich eigentlich erzählen, worin besteht das Hauptziel meiner Geschichte?

Wenn dir das klar ist, gibst du deinem Text einen klar erkenntlichen Aufbau und gehst dadurch aller anfänglichen Unklarheit aus dem Weg.

Die Wege zum Ziel dürfen nicht dem Zufall unterworfen sein. Gib deiner Figur an einer bestimmten Stelle keine Wahlmöglichkeit mehr, treibe sie in die Enge, das wird die Spannung erhöhen. Gib den Geschehnissen mehrere überraschende Wendungen.

Die konträren Themen sind oft Abhängigkeit und Sicherheit. Oder der eine kann sich zu nichts entscheiden, während der andere ständig seine Meinung ändert. Verwende dazu Beispiele aus deinem Privat- oder Berufsleben.

Auch die Art und Weise, wie sich deine Figuren ausdrücken, verleiht ihnen Charakter. Was ist das Besondere an diesen Menschen?

Dann gibt es auch noch die Nebenfiguren. Das sind meistens Helfer und Freunde, das Pro und Kontra sozusagen. Jedoch auch sie können eines Tages die Lager wechseln, und so wird der Freund zum Feind oder umgekehrt.

Dann solltest du das Wichtigste deiner Geschichte in fünfzig Wörtern zusammenfassen. Weitere Fragen und Antworten kannst du dir auf einen Zettel schreiben und ab und zu wieder überdenken.

85. Schreibimpuls:

Zuerst der Plot

Entwirf als Erstes einen Plot über die Frau auf dem Bild.
Wie heißt sie, wie alt ist sie, wo lebt sie, in welcher Umgebung,
Stadt, Straße, welchem Haus, welcher Wohnung und welchem
Zimmer lebt sie?

Welche Kleidung trägt sie am liebsten?
Welchen Beruf übt sie aus?
Beziehe die Jahres- und Tageszeit mit ein.
Schreibe die Gedanken, Gefühle und Wünsche dieser Person auf. Zeige ihr charakteristisches Verhalten in einer speziellen Situation. Zeige ihre Eigenarten, und übertreibe dabei ein bisschen.
Erzähle, was diese Person ausmacht, was sie heute, gestern oder irgendwann in der Vergangenheit geliebt oder gehasst hat.

Auf diesem Bild findest du das vorgegebene Wort »dumm«. Entweder ist nun diese Frau wirklich dumm, oder jemand anderes findet es dumm, was sie tut. In Wirklichkeit hat sie vielleicht etwas ziemlich Kluges vollbracht.
Wenn du genügend Informationen über diese Frau gesammelt hast, dann beginne mit dem Schreiben. Bei dieser Vorgehensweise ist es wahrscheinlich, dass es ein längerer Text wird. Lasse dich überraschen, was mit dieser Frau alles passiert.
Streiche erst später die unnötigen Stellen heraus.

Wer noch nie einen Fehler gemacht hat,
hat sich noch nie
an etwas Neuem versucht.
Albert Einstein

Der klassische Aufbau von Geschichten wird in dem Buch **Die Odyssee des Drehbuchschreibers** von Christopher Vogler[22] hervorragend beschrieben.

Vogler führt den Protagonisten nach einer bestimmten Regel durch die Geschichte. Zuerst wird er in seinem gewohnten Leben vorgestellt. Dann ruft ihn das Abenteuer. Erst zögert er und will dem Ruf nicht folgen, wird aber von einem Mentor ermutigt, die erste Schwelle zu überschreiten, woraufhin Bewährungsproben, Verbündete und Feinde auf ihn warten. Der Held dringt zur tiefsten Höhle vor, wobei er eine zweite Schwelle überschreiten muss, und hat dann die entscheidende Prüfung zu bestehen. Er erhält die Belohnung und ist auf seinem Rückweg in die gewohnte Welt Verfolgungen ausgesetzt. Danach hat er noch eine dritte Schwelle zu überschreiten, erlebt seine »Auferstehung« und wird von dieser Erfahrung grundlegend verändert. Nun kann er mit dem Elixier, dem Schatz oder etwas Ähnlichem in die gewohnte Welt zurückkehren.

Die meisten Menschen lieben gute Abenteuergeschichten. Der Protagonist zieht in eine unbekannte Welt hinaus und erlebt stellvertretend für den Leser etwas, was diesem wahrscheinlich nicht möglich ist. So erlebt der Leser Abenteuer an Orten, die er selbst nie gesehen hat. Abenteuergeschichten

---

22 Vogler, Christopher: *Die Odyssee des Drehbuchschreibers. Über die mythologischen Grundmuster des amerikanischen Erfolgskinos.* Frankfurt a. M.: Zweitausendeins, 6. Aufl. 2010

für Erwachsene sind nichts anderes als die Fortsetzung von Kindermärchen.

Spannung entsteht durch Gegensätze.

Ein guter Aufbau erzeugt die Spannung, die den Leser fesselt und dranbleiben lässt. Er bangt und hofft mit dem Helden, dass er durchhalten wird. Er trauert mit ihm, wenn ein Verlust ihn in die Knie zwingt. Er freut sich mit ihm, wenn er den Schatz gefunden hat oder aus Prüfungen bloß mit einem blauen Auge hervorgegangen ist.

86. Schreibimpuls:

Sich auf das Wesentliche beschränken

Wähle einen Text aus all den vorigen Übungen, lies ihn noch einmal durch, und schreibe in drei Sätzen eine Art »Überblick« über das, was du sagen wolltest: 1. Anfang, 2. Mitte, 3. Schluss.

Variation:
Du kannst auch nur drei Sätze aus dem Stegreif schreiben und darin das sagen, was wichtig für eine neue Geschichte sein wird.

In drei Sätzen das Wesentliche zu sagen, ist oft schwieriger, als das auf drei Seiten zu tun. Diese Übung ist wichtig, weil du durch sie lernst, dich auf den Kern deiner Aussage zu beschränken.

Eine Figur wird lebendig durch das, was sie tut, nicht dadurch, dass sie herumsitzt und uns erzählt, wie sie sich fühlt und was sie von ihrem Leben im Allgemeinen und der derzeitigen Krise im Besonderen hält. Auf das Tun kommt es an, nicht auf das Reden.

Am Höhepunkt der Geschichte erwartet den Protagonisten entweder der Untergang oder die Aussicht auf Genesung, Erfolg und Glück. Lasse ihn nicht einfach in der Luft hängen. Damit kommen wir zu der wichtigen Frage: Wie gestaltet man den Schluss?

Es gibt mindestens vier Möglichkeiten:
1. Ein gutes Ende – wie es die meisten klassischen Märchen haben. Die Prinzessin heiratet den Prinzen, und sie leben glücklich bis ans Ende ihrer Tage. Hier ist es wichtig, nicht in ein gängiges Klischee zu verfallen, eine überkommene Vorstellung oder eine abgedroschene Redensart.
2. Ein anderer Schluss wäre ein sogenanntes böses Ende. Dramatisch, hoffnungslos, ein Ende mit Schrecken, Leiden und Tod. Alle wurden umgebracht – eine Tragödie.
3. Du kannst den Schluss so gestalten, dass es weder Gewinner noch Verlierer gibt. Das Leben ist so, wie es eben ist. Jemand wird nicht ganz gesund, einer ist gestorben oder jemand leidet weiter, hat aber dadurch die Erfahrung gemacht, dass auch im Leiden (vielleicht ist der Protagonist weiterhin querschnittsgelähmt) Freude vorhanden ist (weil seine Frau ihn dennoch nicht verlassen hat).
4. Du kannst auch das sogenannte offene Ende wählen. Du gibst dem Leser Raum, sich selbst damit zu beschäftigen, was weiter mit der Hauptfigur geschehen wird. Dadurch zwingst du den Leser zum Nachdenken. Wenn die Geschichte gut geschrieben ist, wird er sich ein paar Tage lang mit dem Ende

beschäftigen. »Ich möchte gerne wissen, wie es weitergegangen ist. Schade, dass der Autor es nicht verraten hat.«

87. Schreibimpuls:

Wort und Bild

Was bedeutet diese Frau für dich? Entwickle hierzu zuerst einen Plot, und überlege dir dabei, was das Wort »Sklave« mit dieser Frau zu tun hat. Schreibe dann einen Text aus der Sicht der Frau, die in diesem Moment über etwas Wichtiges nachdenkt. Ihre Entscheidung wird eine Lawine ins Rollen bringen.

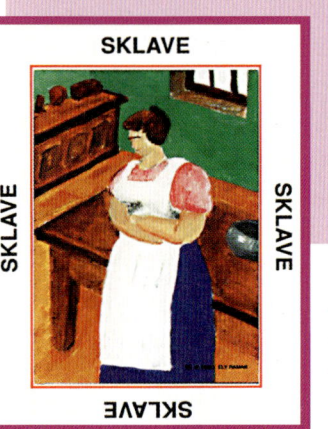

Die Begabung schlummert bereits in den Menschen, sie hat nur ihren Ausdruck noch nicht gefunden.

Eine gute Übung für den Schluss von Geschichten ist es, mehrere Varianten zu schreiben. Wenn du am Computer schreibst, kannst du einfach »Schluss 1«, »Schluss 2« und »Schluss 3« abspeichern und miteinander vergleichen. Vielleicht willst du deine verschiedenen Enden auch jemandem zum Lesen geben. Höre auf die Reaktionen. Du wirst feststellen, dass es bei Geschichten kein Richtig oder Falsch gibt. Der psychologische Aspekt in deiner Personendarstellung muss ganz einfach in sich stimmig sein. Du bist der Schöpfer deiner Geschichte, lasse deinen gesunden Menschenverstand niemals außen vor.

»Wann hört eigentlich eine Geschichte auf?«, fragte mich Ute, und ich antwortete: »Wenn du den letzten Satz geschrieben hast.« Alle lachten.

»Aber woher weiß ich, dass es der letzte Satz ist?«

»Wenn du das Gefühl hast, für diesen Moment alles gesagt zu haben, dann höre auf. Hänge nicht noch etwas Belangloses dran.«

Ilse meinte: »Nun haben wir bereits eine Menge Texte geschrieben, aber war das wirklich schon alles? Gehört nicht viel mehr dazu, einen guten Text zu schreiben?«

»Ja, da hast du recht. Schreiben ist auch Arbeit. Doch diese Lektionen hier haben euch die Grundlage des kreativen Schreibens gelehrt.«

»Tja, wir sind doch alles noch Anfänger«, meinte Ilse nachdenklich.

»Und das werden wir immer sein – in gewissem Sinne. Wir fangen jedes Mal neu an, mit einer neuen Idee.«

Ute mischte sich ein: »Wir müssen lernen und arbeiten. Doch manchmal will ich lieber etwas Kreatives machen, mein Kopf brummt schon wieder vom vielen Wissen.«

»Gut, dann bekommst du hier noch eine wirklich schöne und leichte Übung.«

88. Schreibimpuls:

Zu viele Pläne

Betrachte das Bild, und fange einen Text mit den Worten »Auch das noch …« an.

Variation:

Denke darüber nach, was auf dem Bogen stehen könnte, den der Mann anschaut. Was ist das für ein Plan? Um was geht es? Ist es ein Plot, eine Landkarte, eine Verschwörung, ein Geheimnis? Was wäre die spannendste Variante, über die du schreiben kannst?

Es kommt nicht auf die Länge deiner Geschichte an. Das Wichtigste ist der Inhalt. Und das Ende!

16. Kapitel

Der Künstler lernt,
was auszulassen ist.
Ray Bradbury[23]

Die Überarbeitung – Der Kritiker

Was immer du tust, tue es mit Freude und mit Liebe.
Das waren die Worte, die ich von der Nacht herüberretten konnte. Wenigstens standen sie am Morgen in meinem Notizheft. Aus meiner fast unleserlichen Handschrift entzifferte ich, dass Klio diesmal sehr leise gekommen und gleich wieder verschwunden war. Es war eine Angewohnheit von mir, in der Nacht einen Stift und Papier neben mich zu legen, meine Eingebungen sollten nicht verloren gehen.

Unsere Gespräche drehten sich jetzt meistens um ein einziges Thema: Wie kommen wir nach Hause, und was können wir dafür tun? Dabei sprachen wir einander immer wieder Mut zu. Irgendwann hat ja alles ein Ende, das sind die Gesetze des Lebens. Nach dem Winter kommt immer ein Frühling, nach jeder Nacht beginnt ein neuer Tag.
»Aber wie soll denn ein neuer Anfang daheim aussehen?«, fragte ich in die Runde.
»Auf jeden Fall haben wir eine Verwandlung erfahren, so, wie es in spannenden Geschichten sein muss«, sagte Annelie spontan.

---

23 Bradbury, Ray: *Zen in der Kunst des Schreibens.* Berlin: Autorenhaus-Verlag, 2003

»Ja, Verwandlung«, wiederholte Ilse. »Das kann man wohl sagen, und wir werden weiter schreiben, und wenn wir jemanden finden, der das veröffentlichen will …«

Mir war klar, dass die Suche nach einem passenden Verlag schwierig sein würde. »Jeder muss noch viel schreiben und lernen, dranbleiben und viel, viel Geduld haben. Und dann wisst ihr sicher, dass ihr auf jeden Fall dem Kritiker begegnen werdet. Dafür müsst ihr gewappnet sein, denn im harten Alltag wird alles mit einem kritischen Verstand beurteilt. Nicht jeder wird euren Text einmalig und toll finden, und vor allem steckt ein Kritiker in jedem von uns selbst.«

»Jetzt sag uns doch, kann man richtiges Schreiben wirklich lernen? Das ist doch reine Begabung.« Ute zweifelte immer noch an ihren Fähigkeiten, dabei waren ihre Texte ehrlich und aufrichtig geworden.

»Ihr wisst doch, jeder, der schreiben möchte, sollte das auch tun. Doch wo dich der Weg des Schreibens hinführt, das ist eine andere Sache. Ob es nur ein großes Bedürfnis ist, das zur Leidenschaft wird, oder deine Berufung, das wirst du im Laufe der Zeit selbst erfahren. Vielleicht ist es aber auch ganz einfach nur ein Hobby, das dir Freude bereitet. Doch immer führt dich das Schreiben auf den Weg der Selbsterkenntnis, ist Selbsthilfe und dient zur Heilung der Seele.«

Seine Tarnung ist perfekt. Manchmal hockt der kritische Geist wie ein kleiner, quietschlebendiger Kobold auf meiner Schulter, schaut mir beim Schreiben zu, hebt von Anfang an den Zeigefinger, wartet ein bis zwei Sätze lang und flüstert dann leise, fast liebevoll: »Ich meine es ja nur gut mit dir, aber das, was du da schreibst, ist gewiss nichts Besonderes, du willst dich doch wohl nicht blamieren?« Zuerst mahnt er im rechten, dann im linken Ohr, und er hört nie auf mit seinen klugen Ratschlägen, die bald zu Schlägen ausarten. Seine Stimme nistet sich in den Gedankenstrom ein und kriecht in alle Windungen des Gehirnes. Bald schleicht er sich in den Raum im Herzen und richtet sich seine Wohnung darin ein. Dann flüstert er mir ununterbrochen Verbesserungsvorschläge ins Ohr, denn er weiß alles besser, und nichts ist ihm gut genug.

Manchmal springt sein Elan auf die beste Freundin oder einen Familienangehörigen über, auf Mann, Frau, Sohn oder Tochter. Jeder meint plötzlich zu wissen, wie man einen guten Text schreibt. Doch in Wirklichkeit können sie es auch nicht besser.

Viel zu spät merke ich dann endlich, dass ich nie so schreiben können werde, wie der innere Kritiker es vorschreibt, und auch nicht so gut wie meine Vorbilder. Wenn ich dann ausreichend entmutigt bin, höre ich für eine Weile auf, und später lasse ich das Schreiben ganz bleiben. Der Kritiker hat mal wieder gesiegt und reibt sich die Hände.

Oft kommt der Kritiker als hilfsbereiter Ratgeber daher. Wenn ich ihn sofort erkennen würde, würde ich nicht auf ihn hören. Doch er möchte am liebsten das letzte Wort behalten, er lässt nie nach mit seinen Einflüsterungen, immerzu bohrt und mäkelt er an allem herum.

Besonders gerne nistet sich der innere Kritiker bei Menschen mit schwachem Selbstwertgefühl ein – die auf Gehorsam getrimmte Erziehung wirkt oft lebenslang. Wer sich im Laufe langer, leidvoller Jahre vom negativen Selbstbild noch nicht befreien konnte, dem begegnet der Kritiker spätestens dann, wenn er sich kreativ ausdrücken möchte. Das spielerische

Schaffen, das sich von rationalen Denkvorgängen befreien will und muss, erfährt oft im Laufe der Sozialisation zu wenig Zustimmung.

Wir lernen nicht aus unseren Erfolgen,
wir lernen aus unseren Fehlern.

Fast alle künstlerischen Tätigkeiten waren zu bestimmten Zeiten verpönt, auf jeden Fall nicht hoch angesehen, und zudem brachten sie kein Geld ein. In vielen Fällen wurden sie von den Eltern verboten, denn aus den Söhnen sollte »etwas Anständiges« werden, die Töchter sollten heiraten und Kinder kriegen. Wer Künstler werden wollte, wurde ausgelacht, verspottet und geächtet. Schreiben und Tanzen, Malen und Theaterspielen wurden und werden leider oft noch nicht als ernsthafte Beschäftigungen angesehen.

Bei vielen, die nach einer kreativen Ausdrucksmöglichkeit für ihr Inneres suchen, wird der Wunsch danach allzu oft als Illusion oder Utopie gebrandmarkt und der Versuch bereits im Keim erstickt. Oft entwickelt sich dadurch eine Blockade, die den fließenden Strom der Kreativität eindämmt. Tief im Herzen lähmt das alle Lebensenergien. Es kann zu Lustlosigkeit führen bis hin zum weitverbreiteten Burn-out-Syndrom. Leider finden viele Menschen viel zu spät zurück zur Fähigkeit, für sich selbst zu sorgen und sich zu erlauben, schöne Dinge zu tun. Man hat Angst, als Egoist zu gelten, lieber opfert man sich für andere auf. Dann braucht es oft Jahre der Therapie, die verlorene Lebenskraft wiederherzustellen.

Krankheiten

> Schreibe einen Text auf Grundlage der Assoziationen, die du zu
> dem Wort »Krankheiten« hast. Zerlege diesen »Sammelbegriff«
> in verschiedene Segmente wie Arzt, Spritze, Krankenhaus, Groß-
> mutter, Augeninnendruck oder Apotheke. Die »Welt« der Krank-
> heiten trägt viele Anstöße zum Schreiben in sich. Sicher kennst
> du auch Menschen, die immer krank sind, oder jemanden, der
> anscheinend nie krank wird. Führe die Ideen weiter aus.

Eine perfektionistische Erziehung prägt die Seele so, dass es
bei manchen Menschen zum Vollkommenheitswahn kommt.
Sie leiden permanent unter ihrem inneren Kritiker. Aus dem
ständigen Wettbewerbsdenken gibt es kaum ein Entrinnen.
Die Selbstkritik und ihre Gefährten Scham und Schuldgefühle plustern sich letztendlich zu einem unbezwingbaren Ungetüm auf, das eine ganze Unterwelt zu entfesseln vermag.
Das sind die Feinde, denen sich unsere Kreativität entgegen-
stellen muss.

90. Schreibimpuls:

Der Kritiker

> Schreibe nach dem Betrachten dieses
> Bildes einen Text mit dem Thema »Der
> Kritiker« oder »Mein innerer Kritiker«.

Wenn wir nicht achtgeben,
werden unsere Gedanken
zu einem gefundenen Fressen
für den inneren Kritiker.

Dass der Riesenkritiker in mir Nahrung bekam, wusste niemand, nicht einmal ich, denn ich war es gewohnt, mich dauernd und ständig bei allem, was ich tat, zu kritisieren. Es dauerte lange, und vieles musste geschehen, bis ich mich dieser inneren Stimme stellte und voller Entsetzen entdeckte, dass einige Ungeheuer in mir hausten. Ich sah ihre Fratzen und spürte ihren Hohn, also begann ich, ihre Geschichte aufzuschreiben. Ich schrieb tagelang von dunklen Gefängnissen und bedrohlichen Geistern. Das sollte, durfte und konnte niemand lesen. Es waren Geschichten, die aus großer Not geschrieben wurden, Texte, die mich Wort für Wort und Schritt für Schritt in die Freiheit führten. Daraus wurde nie ein Buch, doch es war eine Art Heilmethode, die all das Durcheinander in mir zu erlösen begann.

91. Schreibimpuls:

Tierhelfer

Verwende für deinen Text zwei Tiere. Eines davon symbolisiert den Kritiker, und das andere Tier nimmt den helfenden Part ein. Die beiden Tiere begegnen sich, reden, gestikulieren und streiten. Kurzum, sie stehen auf Kriegsfuß miteinander. Wie geht die Geschichte aus? Schaffe einen Konflikt, und übertreibe ihn aufs Äußerste. Mit Tieren ist alles möglich.

Bei der Überarbeitung will und muss der Kritiker dann doch zu Wort kommen. Aber jetzt möchte ich dir gerne den liebevollen Kritiker vorstellen, denjenigen, der dir wirklich helfen kann. Es ist der, der dem Kind das Laufen beibringt und sagt: »Du bist hingefallen, klar, das passiert eben, wenn man noch klein ist. Jetzt versuch es noch mal, und mach es diesmal besser.« Dieser Kritiker ist es auch, der dem kleinen Musikfreund das Klavierspielen beibringt. Er wird sagen: »Kind, du musst deine fünf Finger gelenkig machen und richtig gebrauchen, die Tasten liebevoll anschlagen, manchmal leicht und manchmal fest und hart, mitfühlend oder dahineilend. Du musst aber auch üben, jeden Tag zwei Stunden. Und du solltest auch die Noten lernen, sonst wird da nichts draus.« Wenn du es genau nimmst, ist er ein Helfer und kein Kritiker. Doch die beiden werden oft verwechselt. Wir sollten ihn eher als einen liebevollen Zurechtweiser sehen, der uns auf dem Weg des Schreibens begleitet, weil er erfahren ist und sicher auch manches besser weiß. Doch er ist nicht dazu da, dich fertigzumachen, indem er dir wieder und wieder deine Fehler aufzählt. Die machst du zwar, aber die machen auch alle anderen.

In meinen Schreibgruppen ist der Kritiker ein großes Thema. Man will den anderen nicht verletzen. Aber was ist, wenn mir der Text nicht gefällt, wenn das Geschriebene keinen erkennbaren Sinn ergibt?

Bei der Überarbeitung, die nicht ohne den Kritiker stattfinden kann, geht es um das Hinterfragen. Wenn mir etwas an der Geschichte nicht gefällt, muss ich das auch begründen können, denn ein Text ist nicht einfach Geschmackssache. Vielleicht liegt mir das Thema auch nicht, dann muss ich mich mit der Kritik zurückhalten, weil ich nichts dazu sagen kann.

Manche kämpfen schon seit Jahren mit sich selbst und merken nicht, dass sie einen Krieg in der eigenen Seele führen. Der ungesunde Kritiker steht ihrer eigenen kreativen Kraft entgegen, und ein sinnloser Kampf gegen das eigene großartige Sein, das sich nach Freiheit und Erlösung sehnt, brodelt in ihnen. Sie sind immer unzufrieden mit sich, und mit den Texten der anderen wird genauso verfahren. Viele merken dabei nicht, dass sie dem Kritiker »hörig« geworden sind. Es gibt ziemlich viele Menschen von dieser Art, unter ihnen viele Künstler. Darüber schreibt Hermann Hesse in seinem Roman *Der Steppenwolf*[24]. Diese Menschen haben alle zwei Seelen, zwei Wesen in sich vereint. In ihnen ist Göttliches und Teuflisches, Mütterliches und Väterliches, Glücks- und Leidensfähigkeit ebenso vorhanden wie Wolf und Mensch es in Harry – dem Protagonisten des Romanes – sind.

Bei ihm finden wir den Kritiker auf beiden Seiten, entweder ist es Harry, der den Wolf nicht leiden kann, oder aber der Wolf, der Harry ablehnt. Ständig leben sie im Widerstreit miteinander und können keinen Frieden schließen. So entstehen Depressionen. Sicher könnten Wolf und Mensch friedlich nebeneinander existieren, anstatt sich zu bekämpfen.

Manchmal hat der innere Kritiker ja auch recht.
Dann höre auf ihn,
aber lasse dich nicht von ihm kaputt machen.

Das Leben, das dich bei deiner Geburt mit so vielen Möglichkeiten beschenkt hat, will sich ausbreiten und dein Dasein herrlich, frei und gesund machen.

---

24 Hesse, Hermann: *Der Steppenwolf.* Frankfurt a. M.: Suhrkamp, 5. Aufl. 2007

Hilfreiche Kritik

Sprich aus einer Motivation der Güte heraus.
Sag nur das, was hilfreich ist.
Sprich zur rechten Zeit
und zum Nutzen aller.

Autoren sind oft im eigenen Text gefangen, kleben an bestimmten Sätzen und bemerken ihren blinden Fleck nicht. Manchmal sind sie auch richtig verliebt in das, was sie geschrieben haben – es ist ja schließlich ihr Herzblut, das sie da vergossen haben. Zum Text des Gegenübers hat man schon eher den nötigen Abstand.

Zunächst sollten wir einen Text, den wir beurteilen oder zu begutachten haben, ganz einfach objektiv zur Kenntnis nehmen und ihn nicht gleich »in eine Schublade stecken« oder abwertend behandeln. Jeder Text sollte gewürdigt werden.

Wenn wir Texte von anderen kritisieren, sollten wir immer daran denken, dass keiner von uns allwissend ist. Das Ziel sollte sein, dem anderen helfend zur Seite zu stehen. Ich mit meinem beschränkten Denken bin nicht der Richter, ich bin immer auch nur ein Lernender.

Kritik wird schnell zur Kleinkrämerei und ist oft tödlich. Lasse deine kleinen, gerade geschlüpften Küken nicht im Stich! Behüte deine Worte wie einen Augapfel. Der Kritiker kriecht umher wie eine Kobra und sucht nach etwas Fressbarem. Lasse deinen neugeborenen Text wenigstens ein paar Tage wachsen. Er hat das Licht der Welt erblickt, und schon stirbt er in einem tödlichen Kampf gegen eine feindliche Welt aus ungesunden Kritiken.

92. Schreibimpuls:
Blitzgewitter

Bringe das Bild in Verbindung mit einem Kritiker, und schreibe etwas mit der Überschrift »Blitzgewitter«.

Was ist meine Absicht, wenn ich etwas zum Text des anderen sage, was ist meine Motivation beim Kritisieren?

Du solltest immer Respekt und Rücksicht für den andersgearteten Text zeigen, denn der andere hat seine eigene Ausdrucksweise und seine eigenen Ansichten. Die musst du ihm zugestehen, so wie du es auch umgekehrt erwartest.

In einer Gruppendiskussion geht es um Verständnis und natürlich auch um den Mut, sich öffentlich mitzuteilen. Deine Aussagen solltest du begründen können und einen Text nicht einfach »herunterputzen«. Prüfe deine Motivation, bevor du eine Rückmeldung gibst. Willst du einfach nur recht haben? Wenn du selbst der Autor bist, brauchst du auch nicht alles anzunehmen, was die anderen an deinem Text auszusetzen haben.

Bei jeder Kritik geht es auch um Liebe und Mitgefühl.

Jeder Schreibende ist auch Lernender und sollte offen sein, Neues zu lernen. Leser interpretieren, suchen den Sinn hinter dem geschriebenen Wort, sie wollen über die Geschichte nachdenken, vielleicht neue Erkenntnisse gewinnen. Keiner will Unsinn lesen.

Wenn jemand deinen Text nicht versteht oder keinen Sinn darin erkennt, wenn er nicht weiß, was du sagen wolltest, dann denke darüber nach. Vielleicht meinst du nur, dass dein Text sehr wichtig ist, weil in dir etwas ins Fließen gekommen ist. Dennoch kann es sein, dass er nicht in die Öffentlichkeit gehört, sondern nur für dich allein existiert.

Ein literarischer Text soll mit klaren Worten geschrieben sein. Wenn deine Leser dir sagen, dass er in sich widersprüchlich oder chaotisch ist und sie nur Bahnhof verstehen, dann überlege dir, ob du wirklich Nonsens geschrieben hast. Sei ehrlich bei deiner Antwort. Überarbeite deinen Text so, dass jeder einen logischen Zusammenhang erkennen kann, und wisse trotzdem, dass andere nicht alles verstehen müssen. Manchmal ist dein Text gar nicht für andere bestimmt. Finde dich damit ab, dass es Millionen nicht gelesener Geschichten auf der Welt gibt, auch deine könnte dazugehören. Dann hatte das Schreiben eine andere Funktion. Es hat dich weitergebracht, und das genügt.

93. Schreibimpuls:

Von der Benutzung eines Schwertes

Benutze (in Gedanken) ein Schwert, und schreibe spontan einen »Schwerttext«. Vielleicht würdest du im wahren Leben niemals eine Waffe in die Hand nehmen. Lasse gerade dann in der Fantasie einmal alle Hemmungen fallen!

Als Umberto Eco gefragt wurde, wie er auf die Idee kam, den Roman *Der Name der Rose*[25] zu schreiben, sagte er: Ich wollte schon immer einmal einen Mönch vergiften.

Gib deinem Text die nötige Zeit zum Wachsen. Vielleicht entsteht ein ganzes Werk daraus – wenn du genug Geduld und Disziplin aufbringst. Gib einer neuen Schreibidee mindestens drei Tage und drei Nächte Zeit, während denen der noch unvollkommene Text in der Schublade liegt und sich eine Weile von der schweren Geburt ausruht. Manches ist nach drei Tagen tot, dann war der Text nicht überlebensfähig. Wichtig ist, dass du ihn nicht sofort beerdigst. Manche Idee wird sterben, doch manche brodelt weiter, will wachsen und entwickelt sich allmählich doch noch zu einer Kurzgeschichte, vielleicht sogar zu einer Novelle oder einem Roman. Aber auch diese Texte sind nicht immer für andere bestimmt. Ich habe mein ganzes Leben hindurch Hunderte von Romanseiten gefüllt, habe mit meinen Figuren gelitten, gelacht und geweint. Doch am Ende ließ ich sie los und war befreit. Niemand musste das lesen. Doch für mich war es heilend, es war eine Übung, die meine Fantasie angeregt und mich auf dem Weg des Schreibens weitergebracht hat.

Für die Überarbeitung von Texten findest du im Handel jede Menge hilfreiche Literatur.
Bücher, die ich gelesen und von denen ich gelernt habe, sind:

▸ Gabriele L. Rico: *Garantiert Schreiben lernen.* Reinbek: Rowohlt, 3. Aufl. 2004

---

25   Eco, Umberto: *Der Name der Rose.* München: dtv, 31. Aufl. 2008

- David Michael Kaplan: *Die Überarbeitung.*
  Frankfurt am Main: Zweitausendeins, 2000
- Julia Cameron: *Von der Kunst des Schreibens.*
  München: Knaur, 2003
- Ray Bradbury: *Zen in der Kunst des Schreibens.* Berlin:
  Autorenhaus-Verlag, 2003
- Brenda Ueland: *Die Lust zu schreiben.* Frankfurt am Main:
  Zweitausendeins, 2001
- Lajos Egri: *Literarisches Schreiben.* Berlin: Autorenhaus-Verlag, 2002
- Christopher Vogler: *Die Odyssee des Drehbuchschreibers.*
  Frankfurt am Main: Zweitausendeins, 6. Aufl. 2010
- Sol Stein: *Über das Schreiben.* Frankfurt am Main:
  Zweitausendeins, 2009
- Lutz von Werder: *Erinnern, wiederholen, durcharbeiten.* Berlin:
  Schibri-Verlag, 2. Aufl. 2009
  (Dieses Buch ist besonders empfehlenswert, wenn du auto-
  biografisch schreiben möchtest.)
- Gerda Marie Pogoda: *Kreativ schreiben.* Landsberg am Lech:
  mvg, 2000

»Es reicht, es reicht«, stöhnte Dorothea, »ich brauchte ja Jahre, um all die Bücher durchzuarbeiten, dann hätte ich ja gar
keine Zeit mehr zum Schreiben.«

Selbst wenn du alle Bücher darüber gelesen hast, wie man
einen guten Text schreibt, musst du immer noch deinen
eigenen Weg gehen und deine authentische Sprache und
deinen authentischen Ausdruck schulen. Die Anleitungen
helfen dir aber genau dabei.

Nicht jeder Text gefällt jedem. Vielleicht hilft dir das, deinen Text als das anzunehmen, was er ist: ein kreativer Ausdruck deines Schaffens. Freue dich darüber, und schreibe weiter in dem Wissen, dass es nicht in deiner Hand liegt, ob du als Schriftsteller berühmt und bekannt wirst. Du wirst zum Schriftsteller, wenn du dich mit dem Schreiben identifizierst. Es geschieht, wenn du dich für den Weg des Schreibens ganz öffnest. Wenn du den Ruf gehört hast. Wenn du dir sicher bist, dass dies dein Weg ist, und du dich entscheidest, ihn ganz zu gehen – mit all seinen Mühen und der damit verbundenen Einsamkeit. Allein im Elfenbeinturm zu sitzen, das klingt manchmal märchenhaft schön – ist es aber nicht.

Auf deinem weiteren Weg – wenn du dich dafür entschieden hast, Schriftsteller zu werden – solltest du auf jeden Fall weiterführende Literatur lesen, dranbleiben und über die spielerische Phase hinauswachsen. Doch verliere niemals die Lust daran, »mit Worten zu spielen«.

»Du hast uns wirklich geholfen in dieser Woche, danke«, sagte Annelie spontan, stand auf und umarmte mich.

»Ich habe euch doch nur die Hand gereicht, habe euch das Laufen gelehrt.«

94. Schreibimpuls:

Das große Heulen

Betrachte das Bild, und beginne den ersten Satz mit: »Das Geheul der Wölfe übertönte alles andere, und ich hielt mir die Ohren zu.«

Gib es auf, den inneren Kritiker besiegen zu wollen, er hat immer recht und wird immer recht behalten, denn er ist dazu bestimmt, ein Kritiker zu sein. Also drehen wir den Spieß um! Wir benutzen seine Energie, indem wir uns mit ihm anfreunden, aber gleichzeitig genau wissen, wer Herr im Hause ist. Wir reichen ihm einen Bissen, und streicheln ihm dabei den Kopf. Er ist hungrig, denn auch er will leben.

Wenn er es zu toll treibt und dich in die Enge drängt, schreibe ihm einen Brief, er braucht ein bisschen Anerkennung. Er genießt es, wenn er merkt, wie wichtig er ist – aber setze ihm Grenzen! Grenzen, die du brauchst, um ungestört von seinen Einflüsterungen in Ruhe schreiben zu können. Sage ihm, dass er dich zuerst schreiben lassen soll und du ihn später um seinen Rat bitten wirst. Er soll wissen, dass er nicht willkürlich und zerstörerisch in deine kreative Arbeit eingreifen darf, er muss dir zu Diensten sein! So kannst du den kleinen Kobold austricksen. Werde Herrscher oder Herrscherin in deinem kreativen inneren Raum, den du dir inzwischen erschaffen hast. Dahin kann keiner ohne deine Erlaubnis vordringen, denn der Raum gehört nur dir allein. Setze dich auf den Thron, und bestimme über das, was du im Schreiben entwickelst.

17. Kapitel

Wenn ein Mensch sein Herz sprechen lässt,
seiner Wahrheit Worte verleiht,
dann spricht er Poesie.
Ray Bradbury

Verwandlungen

»Wenn wir nach Hause kommen, werde ich sagen können, dass ich in dieser Zeit sehr viel gelernt habe«, meinte Ute und blickte mich vielsagend an.

»Und was war das Wichtigste für dich?«, fragte ich.

»Dass ich schreiben darf, was ich möchte, mich nicht an Vorschriften halten muss und dass ich mich ab jetzt ernst nehmen werde und dass …«

Matthias unterbrach ihre Aufzählung. »Und dass ich besser sehen kann.«

»Besser sehen?«, fragte ich.

»Ja, ich sehe jetzt, was wichtig ist im Leben, und wenn ich nach Hause komme, werde ich meine Mutter, meine Arbeitsstelle und alles andere mit neuen Augen betrachten.«

Auf der Suche nach dem richtigen Weg
in ein unbekanntes Land
braucht man eine gesunde Portion Neugier
und allzeit frischen Mut.

»Ich habe euch ermutigt, der inneren Stimme mehr Raum zu geben, Bilder genau zu betrachten, nicht aufzugeben und dabei immer nach verborgenen Botschaften zu suchen. Ihr habt erlebt, wie sich Geschichten entwickeln, und bemerkt, dass jede davon einmalig ist. Ihr wisst ja, dass …«

Annelie unterbrach mich. »Ich kann meine Träume jetzt ernstnehmen, sehe sie klarer und weiß, dass meine Fantasie mir allzeit zur Verfügung steht und ich sie anzapfen kann. Also war diese Zeit hier wirklich nicht umsonst.«

»Nichts ist umsonst, alles hat seinen Sinn, und wenn du ihn nicht erkennen kannst, dann gib dem Geschehen selber einen Sinn – im Schreiben.«

In der Schule wurde uns beigebracht, nie einen Satz mit »Ich« zu beginnen. Doch jetzt, da du dich auf den Weg des Schreibens begeben hast, darfst du dich an die erste Stelle setzen. Du darfst dich endlich ernstnehmen. Diese nächste Übung stärkt dein Selbstbewusstsein und führt dich zu dem einzigen Menschen hin, der dich wirklich kennt – zu dir selbst. Du kannst dich ganz annehmen mit all deinen Ängsten und Befürchtungen, mit deinen Stärken und Schwächen und auch mit all deiner Energie.

95. Schreibimpuls:

Ein Wundertrank

Beginne einen Text mit dem Satz: »Als ich einen Schluck aus der Flasche nahm, da …«

Stelle dir vor, wie das Getränk dir Heilung bringt oder dich anspornt, das zu tun, was du schon lange tun wolltest. Vielleicht beginnt mit dem Wundertrank auch etwas, was du noch nie erfahren hast. Probiere es schreibend aus.

> Lies hinterher deinen Text aufmerksam durch. So kannst du erkennen, was in dir vor sich geht. Du erfährst mehr über dich, als wenn du nur über dich nachdenkst, grübelst und doch nicht weiterkommst mit deinem Wunsch nach Veränderung.

Ich habe es nicht nötig,
Zwang auszuüben auf meiner Ideensuche.
Ray Bradbury[26]

Wir wollen schön, gut, spannend und außergewöhnlich schreiben und strengen uns dabei oft zu sehr an. Diese Anstrengung bewirkt jedoch das Gegenteil, denn zuerst müssen wir in den kreativen Strom eintauchen, um dann ungehindert aus dem Meer von Ideen unseren Text empfangen zu können. Wenn die Muse dich küssen soll, musst du zuerst dahin kommen, wo sie sich gewöhnlich aufhält. Es ist der Platz, an dem dich die äußeren Eindrücke nicht mehr festhalten können, obwohl sie allgegenwärtig sind. Du gehst inmitten von Hintergrundlärm an deinen inneren Ort der Stille. Du wirst eins mit dem, was gerade ist, du suchst nicht mehr, du hast gefunden.

Es gibt diese Augenblicke, in denen so manches Genie die lang gesuchte Lösung »ganz plötzlich« empfing. Die Muse ist ein zartes Wesen, nicht fassbar oder greifbar, sie lässt sich nicht mit dem Verstand einfangen.

»Ist das der Grund, warum wir jetzt hier sind, warum Gott so etwas zulässt?« Ilse blickte mich fragend an.

---

26 Bradbury, Ray: *Zen in der Kunst des Schreibens.* Berlin: Autorenhaus-Verlag, 2003

»Kann sein, kann nicht sein«, antwortete Annelie und blickte in die Ferne. »Aber wahrscheinlich hast du recht damit. Man sucht ja immer einen Grund dafür, warum bestimmte Dinge geschehen.«

Es ist auch nicht unbedingt nur die äußere Stille, es ist das Stillwerden, das im Tao als das große Nichts bezeichnet wird, der Zustand, in dem man frei von Gedanken ist. Anders ausgedrückt ist es der Raum zwischen zwei Gedanken. Außerdem ist der Kuss der Muse ganz einfach ein Geschenk. Ein großes Geschenk für jeden, der schreibt! Nimm die Worte, die zu dir kommen, dankbar an, und schreibe sie auf. Dann lasse sie eine Weile ruhen und sich entwickeln. Gehe nicht gleich mit dem Verstand an die Sache, denn so oft zerstört er diese geheimnisvollen Gemälde.

Im Reich der Kreativität gibt es gelbe Pferde und blaue Reiter, Schnittblumen, die an Olivenbäumen hängen, und Nachthemden, die den Duft eines Lavendelfeldes einatmen.

Der Weg des Schreibens öffnet
alle Türen zu dir selbst.

96. Schreibimpuls:

Wege zu mehr Kreativität

Betrachte das Bild, und tritt durch das offene Tor ein. Wohin führt dich der Pfad, was ist dort hinten? Was kannst du spüren, was erlebst du, während du Schritt für Schritt, Wort für Wort weitergehst?
eine Landschaft – eine Erinnerung – eine Eigenschaft – Farben – Formen – neue Ideen – Wünsche – Erwartungen – Geheimnisse.

Weiterer Impuls zu dem Bild: Wenn sich dein Herz hart anfühlt und keiner den Weg zu deinem Herzen findet, dann brauchst du einen Schlüssel. Nimm einen Schlüssel in die Hand, und spiele damit, bewege ihn in deiner Hand, hin und her. Mache dir Gedanken über seine Funktion. Was soll er

aufschließen, was soll er zuschließen? Jedes Aufschließen führt dich in einen neuen Raum. Jedes Zuschließen bewahrt dich vor etwas, was du nicht brauchen kannst. Frage dein Herz, warum es verschlossen ist und wohin es dich führen will. Frage dich schreibend: Was will ich zuschließen? Wo etwas aufschließen? Du kannst jetzt einen Text über ein Schloss und einen Schlüssel schreiben, während du den Weg auf dem Bild weiterverfolgst.

Das Leben stagniert nie, alles ist dem Wandel unterworfen. Dieses Naturgesetz entdecken wir in allen Dingen. Jeder Zustand ist veränderbar, und nach einer gewissen Zeit löst sich die Ordnung wieder auf und führt erneut ins Chaos. Doch auch das trägt bereits einen Keim von Ordnung in sich. Weder Freude noch Leid haben fortwährend Bestand.

In der chinesischen Philosophie finden wir die beiden Begriffe »Yin« und »Yang«. In dem runden Zeichen, das sie symbolisiert, bewegen sich immerwährend die beiden Seiten, die wir überall in der Welt finden. Es steht für Tag und Nacht,

Sommer und Winter, Leben und Tod und all die anderen Polaritäten, die uns auf Schritt und Tritt begegnen.

Im weißen Bereich liegt der schwarze Punkt bereit zur Entfaltung, und im schwarzen Feld schlummert schon der Kern des Weißen. Dunkel und Hell wechseln ständig miteinander ab. Stelle dir das Yin und Yang wie eine Kugel vor, die ununterbrochen in Bewegung ist. Alles ergänzt und bedingt sich gegenseitig, löst sich in rhythmischem Wechsel ab; das eine kann nicht ohne das andere existieren. In dem Wechselspiel, dem Zusammenwirken zeigt sich die Weltordnung, zeitlich ebenso wie räumlich. So betrachtet, erscheint keine der beiden Seiten als wichtiger oder als moralisch überlegen, denn alles hat seine Berechtigung.

Wenn du dieses Prinzip einmal erkannt hast, weißt du, dass auch jeder Text von der Verwandlung lebt. Das zu verstehen ist sehr wichtig, wenn du Geschichten schreiben willst. In jedem guten Text geschieht diese Veränderung von Dingen, Zuständen oder Menschen. Denn wenn alles stagniert und somit auf der Stelle tritt, hast du einen toten Text vor dir.

Richte deine Betrachtung beim Lesen eines Buches einmal darauf, wann das dunkle und wann das helle Element die Oberhand gewinnt. Oft bringt der Autor diese Wandlung in verschiedenen Kapiteln unter. Beim Lesen einer spannenden Lektüre schwanken auch unsere Gefühle mit diesem Auf und Ab ständig hin und her, jede Geschichte ist eine Suche nach einer Mitte, wo sich Freund und Feind begegnen. Manche Texte befinden sich nur im dunklen Bereich, sensible Menschen spüren das und wollen gar nicht weiterlesen. Manche Lektüre trieft nur so von Lichtzuständen, und dann wird alles so hell, dass es die Augen blendet.

97. Schreibimpuls:

Die dunkle Seite

Beginne deinen Text nach dem Betrachten des Bildes mit den Worten: »Drei Nächte lang …«

Wenn unser Protagonist in einer ausweglosen Lage steckt, können wir die Hilfe von Menschen, Tieren und jeglicher Art von Überraschungen in Anspruch nehmen. Es gibt unzählige Möglichkeiten, wie und wo jemand unserer Hauptfigur helfen kann. Das kann ein plötzlicher Wetterumschwung oder ein Telefonanruf sein, ein Postbote oder ein Verkehrsunfall. Sammle in deinem Alltag Ideen über helfende Engel, die sich unter verschiedenen Masken verbergen. Während wir unser Schreiben entwickeln, wird uns dann oft auch im wirklichen Leben eine parallele Erfahrung geschenkt.

Für Geschichten kannst du alles verwenden, was du mit deinen Sinnen erfassen kannst – sehen, hören, schmecken, riechen, berühren … Alles, was dir im Leben einen Funken Hoffnung schenkt, hilft auch deinem Text, deiner Geschichte und dem Leser. Wir müssen nicht immer außergewöhnliche

Dinge erfinden. Authentische Geschichten sind die, in denen der Leser sich selbst wiederfinden kann.

98. Schreibimpuls:

Die helle Seite

Schreibe nach dem Betrachten des Bildes einen Text mit der Überschrift: »Meine Traumfee hat noch keiner gesehen, denn sie …«

(Du weißt ja, dass du auch eine andere Version nehmen darfst – ich gebe nur Anregungen.)

Auch Gedichte leben von Bildern und Metaphern, und jedes Gefühl können wir durch eine bildliche Wahrnehmung ausdrücken. Ordne deiner Freude eine gewisse Bewegung oder eine Farbe, einen Klang, eine Erfahrung, ein Körpergefühl oder ein anderes Bild zu. Das Allerwichtigste ist, dass du in deinen Aussagen echt bist, denn es geht nicht nur darum, formschöne Sätze zu bilden.

Beispiel: Katze

Schreibe das Wort »K A T Z E« auf ein Stück Papier. Aber das ist keine Katze. Nun schließe die Augen, und stelle dir eine wirkliche Katze vor. Was macht sie, wie sieht sie aus? Wenn du die Augen wieder öffnest und die Katze fühlen und spüren kannst, ist das ein Zeichen dafür, dass du in den Raum der Imagination eingetreten bist. Du hörst sie vielleicht schnurren, oder sie miaut, verlangt nach frischer Milch, oder sie streicht an deinen Füßen entlang. Wenn du dieses Erlebnis mit den fünf Buchstaben vergleichst, spürst du den Unterschied. Übe diese Methode, und deine Texte werden lebendiger und klarer, und wahre Gefühle können zum Ausdruck kommen. Dann sind deine Worte kein leeres Gerede mehr, sondern lebendig und authentisch.

Du kannst eine Katzengeschichte erfinden oder eine Abhandlung über Katzen verfassen. Wichtig ist bei beiden Texten, dass du den Unterschied spüren kannst. (Vielleicht kommt auch deine Katzenallergie zur Wirkung, und du beginnst zu niesen … Entschuldige, das wollte ich nicht.)

Wenn du dich um Echtheit bemühst, wirst du erleben, dass du dein ganzes Leben wacher und bewusster wahrnimmst. Viele Lasten fallen ab, und du lernst den wundervollen Tanz von »leicht-schweren« Wörtern, die dich in den Himmel heben, dich aber auch nach unten ziehen. Immer wieder wirst du mit beiden Beinen auf der Erde landen. Das liegt an der Schwerkraft – darüber kannst du auch schreiben.

Schreiben ist die Herausforderung,
das in Worte zu fassen,
was andere fühlen,
aber nicht auszusprechen wagen.

99. Schreibimpuls:

Reise ins Unbekannte

Nachdem du das Bild betrachtet hast, schreibe eine Geschichte über eine Reise. Woher kommt und wohin geht wer? Hat der Reisende eine Aufgabe und welche?

Nimm zu Beginn einige »W-Fragen« – die sind außerordentlich hilfreich, um bei der Ideensuche für Ordnung zu sorgen.

W-Fragen sind zum Beispiel: Wo? Warum? Woher? Wohin? Wer? Weshalb? Wieso?

Die obigen Fragen kannst du auch nach dem Schreiben beantworten, wenn du den Text noch einmal durchgelesen hast und ihn überarbeiten willst.

Der letzte Tag war angebrochen, wir wussten es schon beim Aufwachen. Eine Ahnung umwehte uns wie ein feiner Schleier, tröstende Bilder flogen in unsere Herzen, wir wurden leicht und froh. Jeder zeigte sich von seiner besten Seite, und wir lächelten einander zu. Nach dem Frühstück tanzten wir um das Wrack herum, das immer noch grau und verbeult in der Sonne dahinrostete. Doch wir sahen es nicht, denn unsere Herzen waren während des Tanzes fast im dritten Himmel angelangt.

Klio hatte mich in der letzten Nacht zu einem uralten Baum geführt. Wir setzten uns Seite an Seite auf eine dicke Wurzel. Sie sprach lange mit mir, und ich hörte ihr zu.

Nach einer Weile führte sie mich zu einem Eingang, einem fast unsichtbaren Loch in der Erde, und sagte: »Komm, ich will dir noch etwas zeigen.« Mit diesen Worten nahm sie meine Hand, und wir gingen durch einen langen, dunklen Gang, bis wir an ein Tor gelangten, das sich vor unseren Augen quietschend öffnete. Dahinter betraten wir eine Höhle, die in einem mysteriösen Licht schimmerte. Ich war überwältigt von dem, was ich dort sah.

Stunden später – vielleicht waren es auch nur Sekunden gewesen – traten wir wieder heraus.

»Wirst du mich und die anderen nach Hause begleiten?«, fragte ich zögernd. Ich war nun doch etwas traurig darüber, dass wir diese Insel der Schreibenden bald verlassen würden.

»Du findest mich im geschriebenen Wort und in den Bildern, die dir erscheinen und wirken, wo immer du die Augen öffnest. Mein Geschenk an dich sind sehende Augen und hörende Ohren. Gib all das weiter an die, die es wünschen. Und wisse, dass du in der Welt der Fantasie immer neue Bilder mit neuen Gestalten finden wirst, die neue und wichtige Wörter entdecken werden. Überall werde ich sein und dir begegnen. Du kannst mich allzeit rufen, und ich werde dich hören.«

Am Ende drückte Klio ganz fest meine Hand. Sie küsste mich zum dritten Mal und sagte: »Weißt du eigentlich, dass ich den anderen auch erschienen bin?«

Das waren ihre letzten Worte. Dann stand ich allein vor dem Baum und dem Eingang, und in meinem Herzen jubelte etwas. Das Leben und eine große Hoffnung breiteten sich in mir aus wie die Äste der Eiche, unter der ich stand.

Bis heute kann ich nicht darüber sprechen. Doch ich bin sicher, dass die Worte zwischen den Zeilen zu finden sind. Hinter den Bildern und Symbolen liegt alles Lebendige, dringt durch alle Mauern und Begrenzungen.

100. Schreibimpuls:

Rot — gelb — grün

1. Betrachte das Bild, und schreibe einen einzigen Satz über das, was dir in den Sinn kommt.
2. Nimm diesen Satz als das Ende einer Erzählung, und mache dich auf den Weg zu der Handlung, die »davor« stattgefunden hat.

Wie wir gerettet wurden? Das ist eine andere Geschichte.

Ilse meinte, es sei geschehen, weil Gott doch gnädig gewesen sei und ihre Gebete erhört habe.

Matthias war davon überzeugt, dass unser Schreiben uns am Leben erhalten habe und dass es nun unsere Aufgabe sei, anderen davon zu erzählen.

Vielleicht würden auch Gehirnforscher zu ergründen versuchen, was mit uns geschehen war. Ob diese Bilder vielleicht doch echt gewesen waren? Man konnte nie wissen. Seitdem die Quantenteilchen den klugen Köpfen Streiche spielten und altes Wissen über den Haufen warfen, war alles möglich.

Ute zuckte mit den Schultern und behauptete, das sei ihr egal, Hauptsache, sie käme so schnell wie möglich zu ihren Kindern zurück.

Dorothea verspürte Angst, weil sie nicht genau sagen konnte, ob die Schulleitung ihr nun Vorwürfe wegen ihres zu langen Fehlens machen würde.

Nur Annelie nahm alles gelassen hin. Sie meinte, ihre Rücken- und Kopfschmerzen seien hier wie dort gleich schlimm. Nur schreiben, das würde ihr Erleichterung oder Ablenkung bringen, je nachdem, wie man es sehe.

Wie dem auch sei, jeder würde die Geschichte zu Hause fertigschreiben müssen, denn wir fanden auf unserer Schreibinsel keine Zeit mehr dazu, alles ging viel zu schnell.

Jeder wird das Ende in seiner eigenen Fassung erzählen, denn es gibt nicht nur einen richtigen Schluss.

Dies ist die »Schluss«-Aufgabe für alle Leserinnen und Leser.

Meine Freunde und ich, wir schrieben zu Hause weiter und hielten unsere Erinnerungen fest. Wir legten sie in vielen Ordnern ab. Wir trafen uns drei Mal im Jahr an verschiedenen Plätzen, ob in Griechenland oder auf Sizilien, in Bayern, im Schwarzwald oder der Schweiz. An allen Orten fanden wir den Zugang zu neuen Texten. Nicht alles davon ist in Büchern zu finden, doch die Geschichten wohnen für immer in unseren Herzen.

Ab und zu taucht ein neues Bild auf, und jeder schreibt nach Herzenslust darüber.

Immer wieder neue Geschichten.

Verzeichnis der Schreibimpulse

Bildquellen